AF596374

FACULTÉ DE DROIT DE POITIERS.

DES

PARTAGES ET DES TESTAMENTS
INTER LIBEROS
EN DROIT ROMAIN.

DES

PARTAGES D'ASCENDANTS
EN DROIT FRANÇAIS.

DISSERTATIONS

PRÉSENTÉES

A LA FACULTÉ DE DROIT DE POITIERS

POUR OBTENIR LE GRADE DE DOCTEUR

ET SOUTENUES

Le mardi 26 juin 1855, à 2 heures et demie de l'après-midi,

DANS LA SALLE DES ACTES PUBLICS DE LA FACULTÉ

Par Aubin-Octave Beylot,

AVOCAT,

Né à Dussac (Dordogne).

POITIERS,

IMPRIMERIE DE A. DUPRÉ,

RUE DE LA MAIRIE, N° 10.

1855.

COMMISSION :

PRÉSIDENT,	M. ABEL PERVINQUIÈRE ✠.	
SUFFRAGANTS,	M. GRELLAUD ✠,	Professeurs.
	M. BOURBEAU,	
	M. RAGON,	
	M. PERVINQUIÈRE (M.),	Suppléant.

Vu par le président de l'acte, A. PERVINQUIÈRE ✠.

Vu par le doyen, FOUCART ✠.

Vu par le recteur, DE LA SAUSSAYE ✠.

« Les *visas* exigés par les règlements sont une garantie des principes » et des opinions relatives à la religion, à l'ordre public et aux bonnes » mœurs (*Statut du 9 avril 1825, art.* 41), mais non des opinions » purement juridiques, dont la responsabilité est laissée aux candidats.

» Le candidat répondra en outre aux questions qui lui seront faites » sur les autres matières de l'enseignement. »

A MON PÈRE ET A MA MÈRE.

A M. ET A Mme ÉMILE BERSAT.

A TOUS CEUX QUE J'AIME,
Souvenir.

DROIT ROMAIN.

DES PARTAGES ET DES TESTAMENTS INTER LIBEROS.

> Ut a fraterno certamine eos præservent et memoria non violetur parentis.
>
> Nov. 18, C. VII; L. 1, C. Théod., *de fam. erc.*

Le vœu le plus cher du chef de famille sur le point de mourir, c'est qu'après lui ses enfants vivent dans une union parfaite, que sa famille, désorganisée par des luttes intestines, ne soit pas un exemple de honte et de scandale pour la société qui l'entoure. De là, cette pensée de prévenir les malheurs qu'il redoute par des mesures qui assurent la paix parmi ses descendants et lui permettent de quitter la vie avec moins de regret.

Les Romains, si inquiets de l'avenir des générations futures, auprès desquels tout ce qui touchait à l'organisation de la famille était en si grand respect, devaient se préoccuper de bonne heure des moyens d'y maintenir l'ordre même après leur mort. Aussi les voit-on, dès les premiers temps, faire dans leur testament le partage de leurs biens entre leurs héritiers, dans la prévision d'une mort prochaine, « cogitatione futuræ successionis, » afin de prévenir la désunion que pourrait faire naître le règlement de leurs intérêts, « ut à fraterno certamine eos præservent et memoria non violetur parentis. »

Le partage de l'hérédité du père de famille ne se fait d'abord que par un testament revêtu de toutes les formalités voulues par la loi : c'est une disposition testamentaire qui ne vaut qu'autant qu'elle est conforme au droit civil. Mais bientôt les raisons de faveur qui militent pour cette nature d'actes amènent un relâchement dans les rigueurs du droit. Le père de famille peut diviser ses biens entre ses enfants par un simple écrit ou même sans écrit, et le partage qu'il fait ainsi est valable, quoique destitué de toute solennité. Il suffit que sa volonté se soit manifestée pour qu'on doive y avoir égard (1).

On marche un pas en avant dans les priviléges accordés aux dispositions faites par un père au profit de ses enfants; elles doivent être respectées alors même que le testament qui les renferme est entaché d'un vice qui le rend nul aux termes du droit civil (2). Dans le testament imparfait, c'est aussi la volonté du testateur qui doit servir de loi. Il faut qu'elle soit suivie; peu importent les actes par lesquels elle se sera déclarée, « quibuscumque verbis, vel indiciis constet (3). »

Mais l'abus arrive; la volonté du père de famille est si désordonnée, qu'il est difficile de la reconnaître, ce qui donne naissance bien souvent à des malheurs plus graves que ceux que l'on se proposait de prévenir (4). De là se fait sentir la nécessité de régler cette volonté, tout en lui conservant les priviléges dont elle a toujours été entourée (5).

Voici en résumé les phases par lesquelles sont passées les dispositions du père en faveur de ses enfants.

Pour bien comprendre l'état de la législation romaine sur cette matière, il est convenable d'étudier séparément les lois du Digeste, celles du Code, et enfin les novelles de Justinien qui y sont relatives. On a l'avantage de suivre ainsi le développement historique de cette institution, et d'éviter en même temps la confusion de choses entièrement distinctes.

(1) L. 20, § 3, ff. fam. erc.

(2) L. 1, Cod. Théod. de fam. erc.; l. 21, § 1, C. de testam.; l. 26, C. fam. erc.

(3) L. 26, C. fam. erc.

(4) Nov. 18, c. 7.

(5) Nov. 18, c. 7 et 107

CHAPITRE Ier.

DES PARTAGES FAITS PAR LE PÈRE ENTRE SES ENFANTS, D'APRÈS LES LOIS DU DIGESTE.

La loi des XII Tables avait donné au citoyen romain le pouvoir le plus absolu de disposer de sa chose par testament : « Verbis » legis tabularum his, ait Pomponius, uti legassit suæ rei ita jus » esto, latissima potestas tributa videtur, et hæredes instituendi, » et legata et libertates dandi, tutelas quoque constituendi (1). De là, résultait très-certainement pour le père de famille le droit de fixer par son testament la part que chacun de ses enfants devrait prendre dans sa succession. Mais, comme on l'a très-bien fait observer, c'était moins un partage qu'une disposition de dernière volonté, qui, étant revêtue de toutes les solennités exigées par la loi, devait être suivie par l'*arbiter familiæ erciscundæ* dans la distribution des biens qu'il faisait en vertu du testament (2).

Ce partage de l'hérédité du père de famille se faisait au moyen de legs *per præceptionem* en faveur de chacun de ses enfants : « fundos enim vice præceptionis accipiendos (3) ; » il entrainait l'obligation de garantie entre les divers légataires (4).

Le père aurait pu distribuer de cette manière des biens entre

(1) L. 120, ff. de reg. juris.

(2) Genty, *Traité des part. d'ascend.*, p. 4; l. 2 princip. ff. fam. erc.

(3) L. 35, § 1, ff. de hæred. inst.; l. 77, § 8, legat. 2o.

(4) L. 2, § 4, ad S.-C. Tribell.; l. 33, ff. fam. erc.; l. 77, § 8, leg. 2o. Si pater-familias singulis hæredibus fundos legando, divisionis arbitrio fungi voluit, non aliter partem suam cohæres præstare cogitur, quam si vice mutua partem nexu pignoris liberam consequatur.

des personnes qui lui étaient étrangères, ou bien joindre à ses enfants d'autres personnes, pourvu qu'elles eussent avec lui la *testamenti factio*. Mais il est vraisemblable que c'était toujours entre ses enfants qu'il faisait le partage de son hérédité. On doit tirer cette présomption des textes, qui ne parlent jamais que des enfants (1). Il pouvait omettre impunément l'un ou plusieurs de ses héritiers, sans obligation de sa part, dans les premiers temps du moins, de les exhéréder (2). Il ne devait pas observer l'égalité dans la distribution de ses biens; mais, à partir de la loi Falcidie, les inégalités des lots furent restreintes de manière à ce que la réserve qu'elle établissait au profit de l'héritier institué ne fût jamais dépassée (3).

Si le père de famille se bornait à faire la distribution de ses biens, sans parler de ses dettes, elles étaient acquittées par ses héritiers, non pas en raison de leur part réelle dans sa succession, « pro modo emolumenti, » mais bien d'après leur vocation héréditaire: « pro hæreditariis partibus, eos adgnoscere « æs alienum debere, » dit la loi 35, § 1, *de hæred. inst.;* car, en leur qualité de légataires *per præceptionem*, ils n'étaient tenus à aucune contribution dans les dettes.

Le père, en distribuant ses biens à ses héritiers, leur divisait aussi quelquefois ses dettes, dans des proportions égales ou non à leur émolument (4). Mais tout cela se faisait sans sortir du droit commun; il n'y avait toujours qu'un testament fait dans les formes voulues par la loi et renfermant des dispositions auxquelles l'*arbiter familiæ erciscundæ*, le juge du partage, devait nécessairement se conformer.

A partir d'Auguste, ces dispositions furent valablement faites

(1) L. 32, 33, 39, § 1 et 5, fam. erc.; 77, § 8, ff. leg. 2°.

(2) Inst., liv. 2, tit. 13, prin.

(3) L. 35, § 1, et 78, ff. de hæred. inst.

(4) L. 20, § 3, ff. fam. erc.

par fidéicommis, même dans le cas où l'auteur du fidéicommis serait mort *intestat* (1).

Il arrivait quelquefois que le père de famille avait fait de son vivant, avec ou sans écrit, la distribution de ses biens entre ses enfants ; ce cas dut se présenter souvent dès que l'usage se fut établi de laisser aux fils de famille, sous le nom de pécule, la jouissance et l'administration d'une portion de biens (2). Les lots assignés à chacun des enfants constituaient pour eux une espèce de pécule, que le père de famille avait la faculté de leur retirer (3). Mais s'il les leur avait conservés jusqu'à sa mort, si sa volonté ne s'était pas modifiée, les jurisconsultes romains déclarèrent qu'elle devrait être respectée par l'*arbiter familiæ erciscundæ,* bien qu'elle fût dépourvue des solennités (4) ordinaires.

Ce n'était pas une donation entre-vifs, c'était un acte essentiellement révocable, mais que le juge devait maintenir dans ses effets, s'il n'avait pas été révoqué ; car le père de famille était censé avoir voulu remplir son office, comme le dit Papinien : « Si pater in filios sine scriptura bona divisit et onera æris » alieni pro modo possessionum destribuit, non videri simpli- » cem donationem, sed potius supremi judicii divisionem (5). »

Il est probable que le plus souvent cette distribution des biens du père de famille était confirmée par testament, surtout lorsque les parts des héritiers étaient inégales (6). Peut-être

(1) L. 39, § 1, ff. fam. erc. Intestato moriens codicillis prædia sua omnia et patrimonium inter liberos divisit ...

(2) L. 39, ff. de peculio.

(3) Contra autem, simul atque noluit, peculium servi desinit peculium esse. L. 8, ff. de peculio.

(4) L. 20, § 3, ff. fam. erc.

(5) L. 20, § 3, ff. fam. erc.

(6) Inter filios et filias intestatorum parentum pro virilibus portionibus æquo jure dividi oportere, explorati juris est. L. 11, C. fam. erc.

même, dans ce dernier cas, ne devait-elle être forcément suivie par le juge que sous cette condition. C'est ce que l'on pourrait induire de la loi 39, § 5, D. *fam. erc.*: « Pater in filios divisit » bona et eam divisionem testamento confirmavit, et cavit ut » æs alienum quod unusquisque eorum habet, sive habebit, » solus sustineret, etc... »

Mais la faveur attachée à ces actes et le respect dû à la volonté du père de famille finirent par l'emporter sur les règles rigoureuses du droit civil. Dans tous les cas, l'*arbiter familiæ erciscundæ* fut obligé de faire le partage suivant la distribution réglée par le père de famille, bien qu'elle n'eût pas été confirmée par testament. Ce fut dès ce moment un mode de disposition privilégié, valable par la seule force de l'intention du disposant, clairement manifestée. Il ne fut pas nécessaire de dresser un écrit pour la constater; l'état de choses existant à l'ouverture de la succession pouvait par lui-même démontrer la volonté du père de famille, « sive sine scripturâ, sive » cum scripturâ, quibuscumque verbis, qualicunque indicio » voluntas patris déclarata fuisset (1). »

Ce partage des biens du père de famille entre ses enfants n'avait aucun effet de droit actuel. Chacun d'eux n'acquérait un droit fixe et irrévocable à la portion qu'il lui avait assignée qu'après sa mort survenue sans aucun changement de volonté; à partir de ce moment, toutes les conséquences des partages se réalisaient. Néanmoins les actes faits par les enfants pendant leur jouissance précaire devaient être respectés; la consécration de la volonté du père de famille par l'*arbiter* avait un effet rétroactif au jour où cette volonté s'était manifestée (2).

Ces dispositions n'étaient valables que tout autant qu'elles étaient faites par le père de famille, c'est-à-dire par l'ascen-

(1) Godefroid sur la loi 1, C. Theod. de fam. erc.; l. 21, C. fam. erc.
(2) L. 39, § 5, ff. fam. erc.

dant qui avait la puissance paternelle, « qui in domo dominium » habet; » elles ne pouvaient comprendre que les enfants qui étaient soumis à sa puissance : la distribution d'un lot à un étranger eût été radicalement nulle. Si on voulait donner une portion de ses biens à une personne étrangère, il fallait le faire par testament (1).

Le père de famille n'était pas obligé de conserver l'égalité dans le partage qu'il faisait entre ses enfants (2); il pouvait aussi partager tous ses biens ou en laisser une portion indivise. Dans ce cas, les biens non divisés étaient répartis entre les enfants d'après leur vocation à la succession *ab intestat* de leur auteur: « quæ pater inter filios non divisit, ad singulos pro » hæreditariâ portione pertinent (3). »

Ainsi, d'après la législation du Digeste, le père de famille avait à sa disposition deux modes de partage : l'un solennel, l'autre dépourvu de toute espèce de solennité. Lorsqu'il avait employé le premier mode, sa volonté suivait le sort du testament dans lequel elle était exprimée; les effets qu'elle devait produire dépendaient de la forme de l'acte, « forma dabat esse » rei. » Mais la faveur dont jouissaient ces dispositions du père de famille, le respect dû à la puissance paternelle et à tout ce qui émanait d'elle, amenèrent là aussi un adoucissement dans les lois qui régissaient les testaments en général; le chapitre suivant sera consacré à en faire l'exposition.

(1) Arg. des l. 20, § 3, ff. fam. erc.; 39, § 1 et 5, ff. eod. t.
(2) L. 10, 16, 21, C. fam. erc.
(3) L. 23, ff. fam. erc.; l. 21, C. eod. tit.; l. 11, C. eod. tit.

CHAPITRE II.

DES PARTAGES FAITS PAR LE PÈRE OU UN AUTRE ASCENDANT ENTRE SES ENFANTS, D'APRÈS LE CODE DE JUSTINIEN.

§ 1er.

Partages contenus dans un testament irrégulier.

Constantin le Grand, par une constitution de l'année 321, qui forme la loi 1re au Code Théodosien *de familiâ ercisc.*, et que l'on a fait revivre, sauf quelques modifications, dans la loi 26 au Code de Just. *fam. erc.*, disposa que le partage fait par un père de famille entre ses héritiers siens serait valable, même lorsqu'il serait contenu dans un testament irrégulier: « defuncti » dispositio custodiatur, etiamsi solemnitate legum hujus modi » dispositio fuerit destituta. »

Il avait déjà, dans le même esprit, en l'année 319, dispensé des solennités de la tradition les donations entre ascendants et descendants (1).

Godefroid sur la loi 1, Code Théod. *de fam. erc.*, donne la raison de cette innovation de Constantin : « Inter liberos igitur » patrem voluisse sat est ; et dummodo naturæ solemnibus » pater satisfaciat, abunde hoc parte est : denique pietatis pars » est suos hæredes inter se parentum voluntates licet minus » solemnes tueri : contra memoriam parentis violat, qui vo- » luntatem ejus ad juris subtilitatem revocat. » D'un côté, c'est la volonté du père de famille ; de l'autre, le respect dû à sa mémoire qui serait violé, si l'on s'attachait aux subtilités du droit civil.

Des interprètes du droit romain ont prétendu que Constantin

(1) L. 1, C. Théod. de donat.

n'avait fait que consacrer une règle qui existait longtemps avant lui, à savoir, que les testaments dans lesquels on n'avait pas observé les règles du droit prétorien pouvaient être ramenés à effet au moyen de l'exception de dol. Ils ont fondé leur opinion sur un passage des Sentences de Paul, rapporté dant la *Collatio legum mosaïcarum*, tit. 16: « Sine jure prætorio factum testamentum, objecta doli exceptione obtinebit. »

C'est là évidemment une erreur, car Constantin a créé un droit nouveau, ainsi que le déclare Justinien dans la préface de la nov. 107; et des constitutions 1, C. Théod. *de fam. erc.*, et 26, C. *fam. erc.*, il résulte que le testament irrégulier vaut *ipso jure*, d'après le droit civil, et non par l'effet d'une exception qui serait opposée (1); ou plutôt ce n'est pas le testament imparfait que fait valoir Constantin, c'est la disposition au profit des enfants du testateur qui y est contenue. Il fait abstraction de l'acte irrégulier pour ne s'attacher qu'à la volonté du père de famille; c'est « jure intestati, » et non « jure testamenti, » qu'elle doit être exécutée (2). « Non quasi testamentum, sed quasi voluntatem ultimam intestati valere censemus (3). » Il faut entendre ainsi ce membre de phrase de la const. 1, C. Théod. *de fam. erc.*: « Quamobrem cum filiis ac nepotibus, civili jure vel auxilio prætoris, ut suis hæredibus defuncti successio deferatur, » traduit de la manière suivante dans la

(1) Verum huc ea sententia male trahitur, cum Constantinus hac lege primus hujusce juris auctor sit; sed et ipso jure testamentum hoc valere velit, non objecta doli exceptione : denique valere velit, non promiscue ut testamentum, sed inter suos ut divisionem et cum de solo jure liberorum agitur, præveniendo arbitrum familiæ erciscundæ, quod et titulus hic ostendit, sub quo lex hæc posita est. Godefroid sur la loi 1, C. Théod. de fam. erc.

(2) Godefroid sur la loi 1, C. Théod. de fam. erc.

(3) In auth. de testam. imp., coll. 8, const. 3, § 3, in fine, sous la loi 21, C. de testam.

loi 26, C. Just. *eod tit.* : « licet ab intestato ad successionem » liberi vocentur. »

D'après le président Favre, ce serait Dioclétien qui le premier aurait fait valoir les testaments non revêtus de toutes les solennités exigées par la loi, lorsqu'ils renfermaient des dispositions en faveur des enfants du testateur. Il invoque à l'appui de son opinion la loi 16, C. *fam. erc.* Constantin n'aurait fait, suivant lui, que donner une portée plus grande à la législation en vigueur, en déclarant que la volonté du testateur devrait être suivie par quelques indices, « quibuscunque in- » diciis, » qu'elle se fût manifestée ; l'innovation de Dioclétien aurait consisté dans la dispense de la solennité des paroles (1).

Nous pensons néanmoins que c'est Constantin, comme le déclare Justinien dans la préface de sa novelle 107, qui a introduit un droit nouveau. La loi 16, C. *fam. erc.*, dont on argumente, nous semble se rapporter au partage de ses biens que faisait le père de famille autrement que par testament; c'est ce qui résulte du membre de phrase suivant : « licet ab intestato » ei fuerit successum. » Les mots « quibuscunque indiciis, » que Constantin se serait borné à ajouter à la constitution de Dioclétien, ne se trouvent pas dans la constitution originale non défigurée par Tribonien. Loi 1, C. Théod. *de fam. erc.*

Constantin ne s'était occupé que du testament irrégulier du père de famille ; Théodose, d'après Justinien (2), accorda la même faveur à celui de la mère ou de tout autre ascendant, par sa constitution qui forme la loi 21, § 1, C. *de testam.*

On serait porté à penser que la loi de Constantin fut faite pour le testament de la mère comme pour celui du père. Le

(1) Ante quam constitutionem ita jus erat, ut sufficeret quidem declaratam esse voluntatem quibuscunque verbis, sed non quibuscunque indiciis, verba enim necessaria erant, ut constat ex lege 16 fam. erc. Faber, decad. 35, error 1.

(2) Préf. de la nov. 107.

mot exclusif *pater* ne s'y rencontre pas, et l'on y trouve celui de *parens*, « ut et memoria non violetur parentis etc...; or, cette expression *parens* est générale et doit s'entendre des parents de l'un et l'autre sexe. *Parentem hic utriusque sexus accipe* (1). De plus la loi 21, § 1, *de testam.*, semble rappeler et confirmer la loi 1, C. Th. *de fam. erc.*, au lieu d'y apporter une modification; elle s'occupe des formes des testaments, et elle pose en principe qu'un testament irrégulier ne peut produire aucun effet; mais, par exception (et en cela elle confirme les lois de droit commun), elle le fait valoir relativement aux dispositions qui y sont faites au profit de leurs enfants par les parents de l'un et de l'autre sexe.

La loi 2, C. Th. *de fam. erc.* (que nous aurons à examiner), par laquelle Justinien avait autorisé la mère à faire entre ses enfants le partage de ses biens, ferait aussi présumer qu'il s'était occupé des dispositions par elle consignées dans un testament destitué de quelques formes du droit civil.

On s'est demandé si Constantin avait restreint la validité du partage contenu dans un testament imparfait aux héritiers siens? Si l'on s'en rapportait à la loi 26, C. *fam. erc.*, on n'hésiterait pas à se décider pour la négative, car elle déclare positivement que les dispositions écrites dans un testament irrégulier seront valables, qu'il s'agisse d'héritiers siens ou d'émancipés. Mais on a généralement pensé que les mots « vel » emancipatos » avaient été ajoutés par Tribonien, et en se fondant sur l'expression « sui hæredes, » qui se reproduit presque à chaque ligne dans la loi 1, C. Th. *de fam. erc.*, on a décidé qu'elle ne s'appliquait qu'à cette classe d'héritiers (2). Il faut avouer qu'il est assez difficile, dans cette opinion, comme l'a

(1) L. 4, § 2, D. de in jus vocando.

(2) Furgole, *Testam.*, ch. 2, sect. 1re, n° 39.— Godefroid, l. 1, C. Théod. de fam. erc. Faber, de err. pragm., decad. 35, error 1.

très-bien fait remarquer un auteur (1), d'expliquer le membre de phrase suivant : « quamobrem, cum filiis ac nepotibus, » civili jure vel auxilio prætoris, ut suis hæredibus, defuncti » successio deferatur; » quels seraient les héritiers appelés par le prêteur, si la loi ne voulait parler des enfants émancipés (2)?

Les enfants légitimés étant, de même que les enfants légitimes, soumis à la puissance du père de famille, il n'est pas douteux que les dispositions faites à leur profit, dans un testament imparfait, étaient valables (3). Il ne pouvait en être de même des enfants naturels, car ils n'étaient pas sous la puissance de leur auteur : « in suis, id est qui in potestate parentum sunt et » ab intestato successuri ; cujus modi sane nullo modo fue» runt, Constantini sæculo naturales (4).

Si l'on compare attentivement la constitution originale de Constantin et la loi 26, C. *fam. erc.*, on ne voit pas qu'il y ait entre elles des différences notables, quant au fond, capables de mériter à Tribonien tous les reproches qui lui ont été adressés par nos anciens jurisconsultes : il n'a fait que généraliser le principe posé par Constantin, en disant que la volonté du défunt devait toujours être respectée, soit qu'elle fût consignée dans un testament commencé et non achevé, soit qu'elle fût renfer-

(1) Genty, *Traité des part. d'ascend.* p. 10.

(2) Peut-être pourrait-on dire que Constantin suppose le partage des biens fait par un testament nuncupatif. Les héritiers institués dans un testament de ce genre recueillaient l'hérédité en vertu de la possession de biens *secundum tabulas* qui leur était donnée par le prêteur. « Verum si eumdem numerum adfuisse sine scriptis testa» mento condito, doceri potest : jure civili testamentum factum vi» deri, ac secundum nuncupationem bonorum possessionem deferri » explorati juris est. L. 2, C. de bon. poss. secund. tab. »

(3) Faber, error. pragm., decad. 35, error 6.

(4) Faber, decad. 35, error 5; Furgole, chap. 2, sect. 1re, no 39. — Fachin., lib. controv., lib. 4, c. 3.

mée dans un codicille ou dans une lettre. Ce n'est pas après tout un commentaire trop infidèle de cette phrase de la constitution de Constantin : « quemadmodum valent scripturæ simplicitér inchoatæ, quas nulla solemnitatis adminicula defendunt, solis nixæ radicibus voluntatis. »

Nous avons déjà parlé de la loi 21, § 1, C. *de testam.*, qui vint confirmer l'innovation faite par Constantin ; on y trouve de plus la mention que les dispositions au profit de personnes étrangères, contenues dans un testament imparfait, sont sans aucune espèce de valeur (1). Cela était inutile à dire, il faut le reconnaître, car Constantin faisait bien sentir qu'il ne créait de privilége qu'en faveur des enfants (2) et de la puissance paternelle.

Ainsi, d'après les constitutions impériales dont il vient d'être parlé, les dispositions faites au profit des enfants dans un testament imparfait sont valables; mais il n'y a pas encore une espèce particulière de testament entre enfants, dispensée des formalités ordinaires des testaments. Les imperfections que devra présenter le testament du père de famille ne sont pas réglées, limitées; la nature n'en est pas déterminée. Cependant on donne à entendre qu'elles portent le plus ordinairement sur l'écriture ou les paroles, « vel si ab utilitate verborum, vel solemnitate juris inanis scriptura esse dicatur (3). » Elles ne doivent pas évidemment affecter la volonté du testateur; « car un tel défaut, dit Furgole, devrait nécessairement empêcher la validité de la disposition qui dépend absolument de la volonté, laquelle doit par conséquent être parfaite, et non douteuse ni incertaine (4). »

(1) L. 21, § 1, C. de testam.—L. 26, C. fam. erc.

(2) Tamen dispositiones ultimæ, coloratam juris imaginem referentes, justius in se legum proclivem favorem debent provocare.

(3) L. 1, C. Théod. de fam. erc.

(4) Ch. 2, sect. 1re, n° 41.

Le partage de son hérédité entre ses enfants, fait par un père de famille ou un ascendant quelconque, dans un testament nuncupatif imparfait, est-il valable? Cette question a divisé nos anciens auteurs. Les uns soutenaient que les constitutions impériales, ne parlant pas spécialement du testament écrit, devaient s'appliquer par cette raison au testament nuncupatif imparfait. Les autres prétendaient que la loi 21, § 1, *de testam.*, ne pouvait s'entendre que du testament écrit, puisque, dans le *principium* de cette loi, il n'était question que de cette espèce de testament. Enfin, ils ajoutaient que le § 2 de la même loi, qui prescrit les formes du testament nuncupatif, ne dit pas qu'un tel testament, lorsqu'il est irrégulier, soit valable entre enfants (1).

Ces deux opinions sont peut-être l'une et l'autre trop absolues. On pourrait dire en faveur de la première que toutes les constitutions parlent d'un testament imparfait par suite de l'absence de solennité des paroles, ce qui s'appliquerait très-bien au testament nuncupatif imparfait. Mais voici, ce nous semble, le moyen terme qu'il faut prendre : la loi 21, § 1, C. *de testam.*, s'applique, suivant nous, au testament imparfait écrit ou non écrit. Si le testament est écrit, les dispositions qu'il renferme sont valables, bien qu'il soit dépourvu des solennités ordinaires, parce que la volonté du testateur est constatée par l'écrit, tout informe qu'il est.

S'il s'agit, au contraire, d'un testament nuncupatif, l'irrégularité qui ne serait relative qu'à la solennité des paroles n'empêche pas les dispositions qu'il contient au profit des enfants de produire leur effet (2) : mais si l'imperfection du testament résultait du défaut de témoins, il en serait tout dif-

(1) Faber, decad. 35, error 2. — Henrys, t. 2, liv. 5, quest. 35 Furgole, ch. 2, sect. 1re, no 50.

(2) Arg. de la loi 26, C. de testam.

féremment, parce que la volonté du défunt ne serait alors nullement constatée. Voici l'opinion intermédiaire que nous adoptons; elle nous paraît ressortir de l'opposition qui existe entre le § 1 et le § 2 de la loi 21, C. *de testam.*

Si le testament est irrégulier par la raison qu'il n'a pas été achevé, il devra être exécuté, contrairement au droit commun (1), quant à la partie sur laquelle il y a eu disposition; « car ce qui est connu, dit Furgole, renferme une volonté parfaite en elle-même, parce qu'il est indépendant de ce qui demeure caché et n'a pu être consommé (2). »

Il peut y avoir inégalité dans les lots, comme sous la législation du Digeste, sans que cela empêche les dispositions du testament irrégulier d'avoir effet, pourvu toutefois que la légitime des enfants dont la part est moindre reste intacte (3).

L'omission ou la prétérition de quelques-uns des enfants n'influe pas non plus sur la validité du testament imparfait; seulement, les enfants omis auront le droit de réclamer leur légitime. C'est ce qui résulte de la loi 21, C. *fam. erc.*

Le partage fait par le père de famille donnait toujours lieu à l'action en garantie (4), et cela faisait d'autant moins de doute, que l'on considérait le partage comme tenant lieu de vente vis-à-vis de chacun des copartagés (5).

(1) L. 25, ff. qui testam. facere poss.

(2) Furgole, ch. 2, sect. 1re, no 38. — L. 26, C. fam. erc.; l. 1, C. Théod. eod. tit.—Fachin. lib. 4 controv., cap. 4.—Perezius, Prælect., Cod. de testam., num. 33.

(3) L. 10, 21, 26, C. fam. erc.

(4) L. 33, ff. fam. erc.

(5) Divisionem prædiorum placuit obtinere vicem emptionis. L. 1, C. comm. utriusque judicii.

§ II.

Partages faits par un simple acte écrit ou non écrit.

Les partages par un simple acte restèrent, sous les constitutions impériales, ce qu'ils étaient sous la législation du Digeste, quant aux priviléges dont ils jouissaient; seulement, le droit de les faire ne fut plus un attribut spécial du père de famille : cette faveur fut concédée à la mère et aux autres ascendants.

Constantin, par la loi 2, au Code Théod. *de fam. erc.*, autorisa le partage des biens de la mère entre ses enfants; mais ce n'était pas elle, à vrai dire, qui opérait la division de son patrimoine, ses enfants la faisaient d'après ses ordres, *præcipiente matre* (1); plus tard elle eut le droit de la faire directement, ainsi que cela résulte de la nov. 18, c. 7.

Ce partage avait un effet actuel, mais il était essentiellement révocable, soumis à tous les caprices de la volonté de la mère : « Videlicet, dit Godefroy, ne hujus modi pactione » cuiquam auferatur libera testandi facultas, quæ imminuta » debet esse et integra; ejusque libertas nullâ pactione mi- » nui tollive potest, nequidem dotali (2). »

Après la mort de la mère, ses enfants ne pouvaient d'aucune manière revenir sur le partage qu'elle avait fait, si elle n'avait pas changé de volonté.

Il n'est pas douteux que, s'il y avait inégalité dans les

(1) Nulli quidem de bonis usurpandis vivorum nec dividendi contra bonos mores concessa licentia est : sed si, præcipiente matre, bona ejus inter se liberi diviserint, placuit omnifariam nobis hujus modi divisionem durare : si modo usque ad extremum ejus vivendi spatium voluntas eadem perseverasse doceatur.

(2) L. 2, C. Théod. de fam. erc. —L. 15, C. Just. de pactis. — Nov. 19.

lots assignés aux enfants, ou si l'un d'eux avait été omis dans le partage, l'enfant dont la portion était moindre que celle de ses copartagés, ou qui n'avait reçu aucune portion, ne pouvait se plaindre, car il n'avait pas de légitime dans la succession de sa mère : la mère n'avait pas encore d'héritiers siens, pas de famille, « erat caput et finis familiæ suæ (1). »

La loi 2, C. Théod. *de fam. erc.*, qui paraît spéciale au partage consenti par la mère entre ses enfants, était applicable à tout individu sur l'hérédité duquel un pacte aurait été fait, et de son consentement, s'il avait persévéré, du reste, jusqu'à sa mort dans les mêmes intentions (2).

CHAPITRE III.

DES PARTAGES FAITS PAR LE PÈRE OU UN AUTRE ASCENDANT, ENTRE SES DESCENDANTS, D'APRÈS LES NOVELLES 18 ET 107.

Les privilèges extraordinaires accordés avant Justinien aux dispositions faites par voie de partage en faveur des enfants, étaient loin d'avoir rempli le but que l'on s'était proposé en les instituant : on avait voulu prévenir la discorde dans les familles, en évitant un conflit d'intérêts, si souvent l'occasion de luttes déplorables entre parents, et l'on avait creusé sans s'en apercevoir une source de dissensions bien plus graves : « ut a » fraterno certamine eos præservent, ad majores adhuc et sæ» viores contentiones adducunt (3). »

On était arrivé à ce résultat en ne réglant d'aucune manière les formes dans lesquelles devait se produire la volonté du disposant. Justinien voulut porter un remède aux abus qui existaient dans cette partie de la législation romaine : tel est l'objet des nov. 18, c. 7, et 107.

(1) L. 195, § 5, ff. de verb. sign.

(2) L. 30, C. de pactis.

(3) Nov. 18, c. 7.

Pour bien comprendre la portée des réformes qu'il a faites, il importe d'examiner séparément la distribution des biens du père de famille par un simple acte et le partage contenu dans un testament imparfait, mais soumis cependant à certaines formes, qui porte le nom de testament *inter liberos*.

§ Ier.

Partage par un simple acte.

Les règles relatives au partage fait dans un simple acte par un ascendant entre ses descendants se trouvent dans la novelle 18, c. 7, et la nov. 107, c. 3.

Si l'on consulte la nov. 18, c. 7, on est porté à penser qu'elle a introduit un changement notable, en déclarant que les partages écrits seront seuls valables; il n'y est pas question des partages non écrits, *sine scripturâ*, dont parle la loi 20, § 3, ff. *fam. erc.* Justinien ne s'occupe que des formes des partages écrits; il en faut conclure qu'il a considéré que ceux qui se faisaient sans écrit, « qualicunque verbo vel indicio, » ne constataient pas d'une manière assez certaine la volonté de l'ascendant, et que par suite on ne devait pas y avoir égard.

Les expressions « aut in non scriptâ perfectâ voluntate » de la nov. 107, c. 2, doivent s'entendre d'un testament nuncupatif parfait.

Avant Justinien, la négligence que l'ascendant mettait à rédiger ces actes, par suite de la trop grande latitude qui lui était laissée, donnait souvent prise à la fraude (1) ; Justinien voulut qu'ils ne fussent valables que tout autant qu'ils seraient

(1) Et hinc illis litium occasiones decies millies, utrum hæc voluntate gesta sint patris, an alicujus artificis operarii certaminis et contentionis, et ad favorem partis alicujus scribentis. Nov. 18, c. 7.

revêtus de la signature de l'auteur du partage, ou de celle de tous ses enfants (1).

L'écrit contenant le partage dut énumérer en détail tout ce que l'ascendant comprenait dans le partage (2). Cela résulte du rapprochement de ce membre de phrase : « licet tamen » descriptiones facere rerum quas partiri voluerit, » avec le suivant : « si vero aliquis hoc non egerit, etc. » La nov. 107, c. 3, vient confirmer cette règle en disant : « et omnia clara per suam » subscriptionem fecerit. »

Voici les seules formalités exigées par Justinien pour la perfection des partages par un simple acte; si elles ont été remplies, la volonté de l'ascendant sera certaine, « ratum sit atque » firmum aliâque cautelâ non indigens; » l'arbiter familiæ erciscundæ, en s'acquittant de son office que l'ascendant a voulu remplir (3), devra s'y conformer, « judicibus causæ has » sequi cogendis. »

Quant aux conditions que devaient appliquer les ascendants dans le partage de leurs biens, elles étaient, à peu de chose près, les mêmes que sous la législation précédente. Nous aurons, du reste, occasion (§ 3) d'en examiner quelques-unes qui se rapportent également aux partages par testament imparfait *inter liberos*.

§ II.

Partage par testament imparfait inter liberos.

C'est la nov. 107 qui s'occupe du testament *inter liberos*. Dans

(1) Et subscribere omnibus aut ipsum aut filios universos subscribere præparare, inter quos res dividet. Nov. 18, c. 7.

(2) Furgole, ch. 2, sect. 1re, n° 48.

(3) Officium arbitri dividendæ hæreditatis præveniendo, l. 21, C. fam. erc.; supremi judicii officium, l. 39, § 5, ff. eod. tit.

la nov. 18, c. 7, Justinien, en posant les règles du partage par un simple acte, avait déjà engagé les parents à faire autant que possible la distribution de leurs biens par un testament revêtu de toutes les formes nécessaires à sa perfection, car jamais la loi ne se sert du mot *testamentum* sans épithète, lorsqu'elle veut parler d'un testament imparfait (1); dans la novelle 107, il crée une espèce de testament particulière pour les dispositions entre enfants; il organise la législation si incomplète et si obscure, comme il le dit lui-même, qui faisait produire des effets à la volonté du père consignée dans un testament imparfait.

Si un père qui sait écrire (2) veut faire des dispositions entre ses enfants, il doit le faire dans un écrit qui renferme ses volontés. La date, le nom des enfants et les portions pour lesquelles il les instituera, seront tracés de sa main, en toutes lettres et non en chiffres, « non signis numerorum significandas » sed per totas litteras declarandas, ut undique claræ et indu- » bitatæ consistant. » Si, par le même acte, il veut faire un legs ou un fidéicommis au profit de sa femme ou d'un étranger, il doit écrire ses volontés de sa propre main, et déclarer en outre, en présence de témoins, qu'il est l'auteur de l'écrit, et qu'il entend qu'il soit exécuté, bien que toutes les formalités

(1) Furgole, ch. 2, sect. 1re, no 48.

(2) Doit-on conclure de ces expressions de la nov. 107, « si quis lit- » teras sciat, etc...,» qu'aucune formalité n'est exigée de celui qui ne sait pas écrire? Quelques auteurs l'ont prétendu; mais on ne saurait accepter cette interprétation, en se représentant le but que se proposait Justinien, c'est-à-dire de remédier aux nombreux abus qui avaient été la conséquence des constitutions de Constantin et de Théodose. C'est l'avis de Godefroy sur la loi 1, C. Th. *fam. erc.*: « quia » non id agit Justinianus ut Constantini et Theodosii leges ampliet » sed potius ut coerceat effrenatam illam obscure testandi licentiam, » quâ eorum constitutionum prætextu, parentes passim abutebantur. »

relatives aux testaments n'aient pas été remplies. C'est là une innovation ; on se rappelle qu'avant lui, la disposition contenue dans un testament imparfait, au profit d'une personne étrangère, était absolument nulle : « si vero in hujus modi voluntate designatis liberis, alia sit permixta persona, certum » est eam voluntatem quantum ad illam duntaxat personam » permixtam, pro nullâ haberi (1). » Mais il faut remarquer qu'il exige, pour la validité de ces dispositions, l'assistance de témoins, ce qui n'est pas nécessaire à l'égard des enfants, comme nous le démontrerons plus loin (§ 3).

Justinien n'indique pas le nombre des témoins qui devront être appelés : combien en faudra-t-il? Deux témoins suffiront-ils, d'après la loi 12, ff. *de testibus* (2)? Cette loi ne doit être appliquée que s'il n'existe pas déjà une règle de droit commun pour la matière dont on s'occupe. Or, dans l'espèce, toutes les lois antérieures à Justinien exigent pour la validité des legs et fidéicommis l'assistance de 5 témoins (3) ; c'est donc ce nombre de témoins qui est prescrit par Justinien, puisqu'il n'en a fixé aucun autre (4). Il n'a pas eu l'intention de déroger aux lois existantes sur ce point, car il nous fait connaître la véritable portée de son innovation : « sed hoc solum immutatur quod » ejus manus et lingua habet omnem virtutem chartæ præbitam (5). » Il n'a innové qu'en ce qui concerne les déclarations verbales et écrites qu'il exige du testateur.

Justinien fait connaître, dans le ch. 2 de la nov. 107, que si l'écrit revêtu des formes dont il vient d'être parlé existe à la mort de l'ascendant, on ne sera pas recevable à prouver par

(1) L. 26, C. fam erc ; l. 21, § 1, C. de testam.

(2) Ubi numerus testium non adjicitur, etiam duo sufficient : pluralis enim elocutio duorum numero contenta est.

(3) L. 8, § 3, C. de codicillis.

(4) Furgole, ch. 2, sect. 1re, n° 57.

(5) Faber, decad. 35, error 1.

témoins qu'il a changé de volonté, à moins qu'il n'ait déclaré en présence de 7 témoins qu'il ne veut pas que sa disposition écrite produise d'effet, qu'il est dans l'intention d'en faire une nouvelle, soit par un testament parfait, soit par une manifestation de volonté parfaite et non écrite.

Il suit de là que la simple déclaration faite par le père qu'il ne veut pas que le testament *inter liberos* soit valable, sans nouvelle disposition, serait sans résultat. C'est ce qui a fait dire aux interprètes du droit romain que les dispositions entre enfants renfermaient une clause dérogatoire tacite, « en sorte que, pour les révoquer valablement, il faut que la disposition suivante que le père fait, porte une révocation expresse, littérale et individuelle de la précédente disposition (1). »

On s'est demandé si la révocation spéciale d'un testament *inter liberos* était nécessaire, lorsque les enfants étaient institués dans le second testament comme dans le premier? Des auteurs ont dit que tous les enfants étant également privilégiés au cas de concours dans des testaments différents, la règle de droit commun, qui voulait que le testament antérieur fût révoqué de plein droit par un testament postérieur, devrait toujours être suivie (2). La révocation spéciale n'était indispensable, suivant eux, que si le second testament était fait en faveur d'étrangers.

Ce système ne saurait être admis en présence de la nov. 107. Le chapitre 2, en effet, qui s'occupe exclusivement de la révocation des testaments *inter liberos*, ne parle nullement des étrangers, et, pour établir une distinction aussi importante que celle dont on vient de parler, il faudrait tout au moins se fonder sur un texte (3).

(1) Furgole, ch. 2, sect. 1re, n° 59; — Gudelinus, de jure noviss., lib. 2, cap. 6.

(2) Inst. quib. mod. test. infirm. lib. 2, tit. 17, § 2.

(3) Furgole, num. 64.

Un testament *inter liberos* pouvait-il être révoqué par un autre testament du même genre? On a voulu faire à ce cas particulier l'application de la règle « nihil tam naturale est quam » eo genere quidque dissolvi quo colligatum est (1). » Si la nov. 107, c. 2, a-t-on dit, parle de la révocation par un testament parfait, cela ne doit s'entendre que des testaments *inter liberos* contenant en même temps des dispositions au profit d'étrangers. Quant à ceux qui étaient uniquement faits en faveur des enfants, ils pouvaient être révoqués par un second testament entre enfants, car il s'agissait d'un privilége accordé au père, et l'on ne comprendrait pas pourquoi il n'aurait pas eu la liberté de révoquer un testament entre enfants par un autre testament du même genre.

Cette opinion nous semble devoir être repoussée comme contraire au texte de la loi. Dans le chap. 2 de la nov. 107, il n'est question que d'un testament fait suivant les formes ordinaires, ou d'une manifestation de volonté non écrite et parfaite, « et hanc aut in testamento perfecto faciat, omnia » testamentorum habente signa, aut in non scriptâ perfectâ » voluntate. » Il est difficile de soutenir, en présence d'une loi si claire, si explicite, que la révocation peut se faire par un testament destitué de quelques-unes des solennités de droit commun (2). Comme on l'a déjà fait observer, le chap. 2 de la nov. 107 ne s'occupe en aucune façon des étrangers, et, dans l'opinion contraire, il leur serait spécial.

On a vu que le testament *inter liberos* pouvait être révoqué par une volonté parfaite non écrite, « voluntate perfectâ

(1) L. 35, ff. de reg. juris.

(2) Cujas sur la loi 12, D. de bon. poss. contra Tabulas, s'exprime ainsi : « Interdum tamen imperfectum testamentum quod jure singu- » lari valet, imperfecto non rumpitur. Testamentum enim factum » inter liberos valet etsi sit imperfectum. Sed an rumpatur alio tes- » tamento æquè imperfecto? minimè, sed perfecto tantum. »

» non scriptâ ; » cela doit s'entendre, comme nous l'avons fait déjà remarquer, d'un testament nuncupatif.

Il ne nous reste plus maintenant qu'à examiner quelques questions qui sont communes au partage par un simple acte et au testament *inter liberos.*

§ III.

Questions communes au partage par un simple acte et au testament inter liberos.

I. Les partages faits suivant les modes prescrits par les novelles 18 et 107 étaient-ils valables sans l'assistance de témoins? Cujas a prétendu qu'à aucune époque les dispositions entre enfants n'ont pu valoir sans témoins : « quippe quæ solem» nitas tam necessaria est ad testamenti validitatem, ut ipsum » testamenti nomen ab eo fluxisse videatur, implicetque con» tradictionem ut dicatur testamentum ea dispositio quæ nullis » testibus fulciatur (1). »

Mais, il faut le dire, cette opinion ne se justifie nullement. Il n'est pas douteux qu'avant Justinien, des actes qui pouvaient produire des effets lorsqu'ils résultaient de simples indices, « qualicumque verbo vel indicio (2), » n'avaient pas besoin, pour leur perfection, de l'assistance de témoins. Les lois de Justinien qui règlent les conditions de validité des testaments entre enfants, ont-elles introduit quelque changement à cet égard? Examinons.

La nov. 18, c. 7, énumère limitativement les formes qui doivent entourer la volonté de l'ascendant faisant la division de ses biens entre ses enfants, et elle déclare que la distribution

(1) Consultatione primâ. — Hotomanus, conf. 15; Maynardus, lib. 5, ch. 15.

(2) L. 16, 21, C. fam. erc.

ainsi faite sera valable sans aucune autre précaution, « aliâ-
» que cautelâ non indigens. » La présence de témoins est-elle une de ces formes? Justinien n'en parle pas; donc elle n'est pas nécessaire.

Les mots *sine testimonio* de la phrase suivante doivent évidemment s'entendre de la preuve qui résulte de la signature du père (1).

La nov. 107, chap. 1er, en n'exigeant des témoins qu'au cas où le testament *inter liberos* contient des dispositions en faveur de personnes étrangères, démontre évidemment qu'il n'en est pas besoin s'il ne s'agit que des enfants.

II. L'égalité devait-elle être observée par le père qui faisait entre ses enfants la distribution de ses biens ou de son hérédité? Nous avons déjà résolu cette question négativement, en exposant le droit antérieur à Justinien. La même solution doit être donnée sous la législation des novelles (2). Ces lois parlent en effet de préciputs laissés par le père, et exigent qu'il désigne en détail les choses qu'il distribue entre ses enfants, ce qui serait inutile, si l'égalité dans les lots devait être suivie. Le président Favre ne conçoit pas qu'on ait pu disputer sur cette question; elle est, à son avis, on ne peut plus oiseuse et même ridicule : « vero intelligimus valde otiosam et ridiculam esse
» quæstionem. Cum tamen ab intestato eam æqualitatem lex
» ipsa constituat, quid prodesset factam esse à patre divisio-
» nem eamque à lege comprobari, si non aliter valent quàm
» servatâ inter liberos æqualitate (3). » Ce genre de disposition, dit-il, a pour objet d'avantager un enfant au préjudice des

(1) Furgole, no 49; Jason, ad. leg. fin c. de fideic; Chassaneus in consuet. Burgund., arr. parlem. de Paris, rapportés par Leprestre, cent. 2, c. 65; Faber, decad. 35, error 2.

(2) L. 8, C. de inoff. testam.

(3) Decad. 35, error 3.

autres, et l'on ne peut concevoir, par ce motif, qu'il soit nécessaire d'y maintenir l'égalité. Il est vrai que, dans l'ancien droit, on se servait de ces actes pour faire passer la plus belle part de sa fortune à l'enfant que l'on préférait, mais ces abus n'ont pas eu pour effet de changer le but essentiellement moral de cette institution, que le président Favre paraît avoir oublié. Si les inégalités dans les lots sont autorisées, c'est toujours parce qu'on n'a pas voulu qu'un enfant puisse, sous ce prétexte, remettre en question le partage opéré par son père.

L'omission ou la prétérition de l'un des enfants dans la distribution des biens de l'ascendant ou dans le testament *inter liberos* ne rendait pas la disposition nulle, comme l'a pensé à tort Ferrière (1); seulement, les enfants omis ou prétérits conservaient leurs droit à la légitime concédée par les lois (2). Tous ceux qui étaient compris dans le partage devaient contribuer à son acquittement d'après leur émolument, *pro modo emolumenti* (3).

III. Le père devait-il partager tous ses biens? et s'il n'en avait partagé qu'une partie, cet acte était-il valable? La nov. 18, c. 7, reconnaît positivement au père la faculté de diviser entre ses enfants tous ou quelques-uns de ses biens seulement : « si quis voluerit suas res, dividere aut omnes, aut etiam » aliquas forte relinquere præcipuas (4). »

Un testament *inter extraneos* serait nul, s'il ne contenait pas la disposition de tous les biens du testateur (5); mais il n'en est pas de même ici : la portion non distribuée appartiendra par égales portions à tous les enfants, parce que l'on doit considérer comme constituant un préciput les biens assignés à tous

(1) Sur la nov. 107, ch. 3 et 4.

(2) L. 32, 36, C. de inoff. testam.

(3) Furgole, ch. 8, sect. 1re, n° 149.

(4) L. 20, § 3, ff.; l. 21, C. fam. erc.

(5) L. 25, ff. qui testam. fac. poss.

ou à quelques-uns des enfants, « fundos enim vice præcep-
» tionis accipiendos (1). »

Il est évident que, dans ce cas, les enfants prétérits venaient prendre leur part des choses indivises, en les précomptant sur la légitime qui leur était due.

Enfin, nous terminerons en faisant observer qu'il n'y a jamais eu dans le droit romain une forme particulière de disposer de ses biens par voie de partage en faveur des parents collatéraux. S'ils étaient compris dans un testament *inter liberos*, il fallait remplir à leur égard les conditions exprimées dans la nov. 107 pour les étrangers ; si celui qui voulait distribuer ses biens entre ses collatéraux n'avait pas d'enfants, il devait nécessairement employer les moyens ordinaires, faire une donation ou un testament.

(1) L. 35, § 1, ff. de hæred. inst.; l. 21, C.. fam. erc.

DROIT FRANÇAIS.

DES PARTAGES D'ASCENDANTS.

INTRODUCTION.

In die consummationis dierum vitæ tuæ, et in tempore exitus tui, distribue hæreditatem tuam.

ECCLES. CAP. 33.

Les partages d'ascendants furent en usage dès l'origine de notre droit français; on en trouve la preuve dans ce passage des Capitulaires de Charlemagne : « Præcipiente patre divi- » sionem ab eo factam durare, si modo usque ad extremum ejus » vivendi spatium voluntas eadem perseverasse doceatur (1). Mais les règles qui les régissaient étaient différentes, suivant que l'on se plaçait dans les pays de droit écrit ou dans les pays de coutume.

Dans les pays de droit écrit, où toutes les traditions du droit romain étaient religieusement conservées, on suivait la législation des novelles de Justinien (2). On distinguait le partage par un simple acte, du testament *inter liberos*, et on exigeait pour chacune de ces deux espèces de dispositions les formalités extérieures écrites dans les nov. 18, c. 7, et 107, c. 1.

L'ordonnance de 1735, art. 15 et suivants, ajouta aux conditions de validité de ces actes. Le partage dut être fait en présence de deux notaires ou tabellions, ou d'un notaire avec deux témoins (art. 15), ou bien par un acte entièrement écrit, daté et signé de son auteur (art. 16) (3), c'est-à-dire par un testament olographe.

(1) Liv. 7, ch. 248.

(2) Nov. 18, c. 7, et 107.

(3) Furgole, Testam., ch. 8, sect. 1re, n° 146.

Dans les pays de coutume, la législation était loin d'être uniforme. Des coutumes autorisaient expressément le partage *inter liberos ;* d'autres ne contenaient aucune disposition qui y fût relative : les unes, parmi les premières, exigeaient certaines formalités ou précautions, les autres en exigeaient de différentes. Toutes ne s'accordaient pas non plus sur les personnes qui pouvaient faire et entre lesquelles pouvaient se faire ces actes ; dans quelques-unes, ils n'étaient permis qu'au père et à la mère seuls (1) ; dans d'autres, comme dans le droit romain, à tous les ascendants indistinctement, quel que fût leur degré ; dans d'autres, même aux collatéraux (2). Les unes n'autorisaient le partage qu'entre nobles, les autres l'autorisaient indistinctement entre nobles et roturiers ; les unes voulaient la survie de 40 jours, les autres de 20 jours seulement (3).

Il y en a aussi qui exigeaient le consentement des enfants pour faire valoir le partage, d'autres, et c'était le plus grand nombre, qui faisaient uniquement consister les partages dans la volonté de celui qui les faisait : « divisio testamentaria a parentibus inter liberos quocumque modo facta valet, dummodo de voluntate testatoris constet ; quia parentibus arbitrium dividundæ hæreditatis inter liberos adimendum non est ; siquidem præsumptio propter naturalem affectum facit, omnia parentibus videri concessa (4). »

Dans un travail comme le nôtre, il n'est pas possible d'examiner en particulier les règles établies dans chaque coutume sur la matière des partages d'ascendants. Nous laisserons donc

(1) Bourbonnais, art. 216. Auroux des Pommiers sur cet art., n. 3. Poitou, art. 219.

(2) Amiens, art. 91 ; Péronne, Montdidier et Roye, art. 107.

(3) Hoc non solum metu suggestionum, sed ne dividens, nimium vicinus morti, facile erret in æquali distributione. — Dumoulin sur l'art. 216 de la cout. du Bourbonnais.

(4) Brodeau sur Louët, lettre P, somm. 23.

tous les détails qui ne seraient pas d'une grande utilité pour le but que nous nous proposons, et nous chercherons seulement à fixer aussi exactement que possible la nature et les caractères généraux de ces actes.

Dans les coutumes qui autorisaient les partages d'ascendants, on suivait les formes prescrites par l'ordonnance de 1735, lorsque ces coutumes n'exigeaient pas de plus amples formalités : « et seront en outre, disait l'art. 17, observées les autres formalités prescrites par les lois, coutumes ou statuts qui autorisent lesdits actes. »

Les partages faits par l'ascendant entre ses enfants n'étaient toujours que des dispositions à cause de mort, *ultimæ voluntatis*, qui, le plus souvent, ne produisaient d'effet qu'après sa mort; mais il pouvait leur donner un effet actuel : c'est ce qui avait lieu lorsqu'ils accompagnaient une démission de biens (1), ou lorsqu'ils étaient faits par contrat de mariage (2).

Ils étaient, de leur nature, révocables à volonté : « iste actus » magis est ultimæ voluntatis, utpote ambulatorius et revoca- » bilis (3). » Par exception, ils avaient un caractère définitif et irrévocable lorsqu'ils étaient faits par le contrat de mariage de l'un des enfants, mais seulement à l'égard de cet enfant, afin, disaient, nos anciens jurisconsultes, que l'un des époux ne fût pas trompé dans ses légitimes espérances, « ne alioqui

(1) Nouv. Denizart, v° Démiss. de biens.

(2) Lebrun, Success., liv. 4, ch. 1, n° 13.

(3) Bouvot, t. 1, v° Disposition. Dumoulin sur l'art. 8 de la cout. de Paris, gl. 1, n° 53, dit aussi : « In omnibus quæ concernunt futu- » ram alicujus successionem, consensus et voluntas ejusdem mutabilis » est et ambulatoria usque ad mortem. » — Furgole, ch. 8, sect. 1re, n° 151; Bourbonnais, art. 216; Bretagne, art. 560. Lebrun, liv. 4, ch. 1, n° 12; Ricard, Donat., part. 1re, ch. 4, sect. 2.

» alterutri sponsorum illudatur (1); » le partage restait toujours révocable *ad nutum* à l'égard des autres enfants; c'était du moins l'opinion de Lebrun, car la question était controversée. « La raison est, disait-il, qu'un contrat de mariage n'est fait » que par deux personnes, toutes les autres y surviennent inci- » demment, et par rapport aux deux conjoints, tellement que » ce qui est un contrat privilégié pour les conjoints est un con- » trat à l'ordinaire pour les autres (2). »

Contrairement à ce qui avait lieu dans les pays de droit écrit, le partage devait être fait entre tous les enfants, et de tous les biens; si un enfant avait été omis ou si quelques biens n'avaient pas été compris dans le partage, il était nul, « à moins, dit Furgole, que, par un second acte, ce qui est omis dans le premier ne fût partagé (3). »

Si, depuis le partage, l'ascendant avait acquis certains objets, le partage restait néanmoins valable, car il suffisait que tous les biens possédés par l'ascendant au moment du partage eussent été par lui distribués; les biens postérieurement acquis étaient divisés par égales portions entre tous les héritiers (4).

Il pouvait y avoir inégalité dans les lots des enfants, pourvu que la légitime de ceux au préjudice desquels se faisait un avantage restât toujours intacte (5); toutefois, dans les coutumes où les partages d'ascendants n'étaient pas expressément

(1) Coras cent., ch. 71; Lebrun, n° 13; Taisand sur la cout. de Bourgogne, tit. 7, art. 8, n° 4. Dict. de Ferrières, v° Partage.

(2) Lebrun, liv. 4, ch. 1, n°s 14, 15 et 16.

(3) Ch. 8, sect. 1re, n° 161. Auroux des Pommiers sur l'art. 216 de la cout. du Bourbonnais, n°s 11, 12 et 21. Taisand, cout. de Bourgogne, tit. 7, art. 6, n° 9.

(4) Furgole, n° 164. — Auroux des Pommiers, *l.*, *c.*, n° 33.

(5) Furgole, n° 155. — Boucheul sur l'art. 219, cout. Poitou. — Lebrun, liv. 4, ch. 1, n° 10. Papon, liv. 15, tit. 7, n° 8.

autorisés, et surtout dans celles où il n'était pas permis aux père et mère d'avantager un de leurs enfants au détriment des autres, telle que la coutume de Paris, art. 303, ces actes n'étaient valables que tout autant que l'égalité y était conservée. « C'est l'égalité, dit Boucheul sur l'art. 219, n° 43 de la cout. de Poitou, qui fait subsister les partages que les père et mère ont faits de leur vivant entre leurs enfants pour prévenir les frais et les contestations d'un partage : *divide potiùs ut maneat amicitia* (1). » Ils étaient encore maintenus dans quelques coutumes lorsque l'inégalité ne dépassait pas un sixième (2).

Les auteurs étaient divisés sur le point de savoir si les enfants pouvaient revenir contre un partage contenant une inégalité considérable, mais fait de leur consentement, ou par eux exécuté. On se prononçait assez généralement pour la négative (3) ; seulement, il fallait que le consentement des enfants fût libre et spontané, et qu'il n'eût pas été donné à l'heure de la mort de l'auteur du partage, car cette heure paraissait suspecte : le consentement de l'enfant pouvait lui être arraché par l'idée que, s'il ne se conformait pas aux volontés de son père, il serait encore plus maltraité : « de consensu vero, » spontaneo et libero, et adhuc testatore non laborante in ex- » tremis (4). »

Il n'y avait pas violation de la loi d'égalité qui régissait les partages, lorsque le père avait fait réserve du droit d'aînesse dans ses fiefs au profit de l'aîné de ses enfants ; bien plus, si le père, ayant des fiefs et des rotures, avait fait un partage égal entre ses enfants, même du consentement de l'aîné, celui-ci

(1) Denizart, v° Partage, n° 9.

(2) Argou, t. 1er, p. 482.

(3) Furgole, *l. c.*, n° 157 ; d'Argentré sur l'art. 218, cout. de Bretagne ; cout. Boulenois, art. 93 ; Vitry, art. 99.

(4) Dumoulin sur l'art. 99 de la cout. de Vitry et l'art. 53, tit. 12 de la cout. d'Auvergne.

avait toujours la faculté de réclamer son droit d'aînesse. « La » raison en est, dit Ferrières, qu'un droit donné par la cou- » tume ne peut pas être ôté par la volonté des père et mère; » l'aîné qui accepte un partage égal est censé avoir voulu donner » seulement à son père des marques d'une soumission aveugle » qui ne doit lui porter aucun préjudice (1). »

On n'admettait la garantie des lots dans les partages d'ascendants que dans le cas où un testateur, après avoir institué plusieurs héritiers, faisait lui-même le partage de sa succession, en assignant des lots à chacun d'eux (2).

Nous avons dit déjà que quelques coutumes permettaient le partage entre collatéraux; nos anciens auteurs font observer qu'à la différence des partages *inter liberos*, ils ne pouvaient être admis que dans les coutumes qui les autorisaient expressément (3). Ils devaient être revêtus des formalités ordinaires des dispositions de dernière volonté. Aucune dispense des règles du droit commun n'existait en leur faveur (4).

Parallèlement à l'institution des partages d'ascendants, il y avait un autre mode de disposition qui parfois leur ressemblait beaucoup, et dont nous devons aussi parler : les démissions de biens.

La démission de biens était un acte par lequel une personne, devançant l'ouverture de sa succession, faisait l'abandon de tous ses biens à ses héritiers présomptifs.

Son origine était toute française ; nos anciens auteurs l'ont trouvée dans la loi salique et les Capitulaires de Charle-

(1) Dict., v° Partage. Furgole, *l. c.*, n° 158; Brodeau sur Louët, lettre P, somm. 24.

(2) Furgole, *l. c.*, n° 165.—Auroux des Pommiers, art. 216, cout. de Bourbonnais, n°s 37 et 38.

(3) Amiens, art. 94; Péronne, Montdidier et Roye, art. 107.

(4) Furgole, *l. c.*, n° 156 ; Lebrun, liv. 4, ch. 1, n° 11; Brodeau sur Louët, lettre P, somm. 24, n° 7.

magne (1). Elle ne pouvait exister dans le droit romain avec la règle *Nulla est viventis hæreditas*.

Ce n'était ni une donation entre-vifs, ni une donation à cause de mort. Ce ne pouvait être une donation entre-vifs, parce qu'on disposait ainsi de sa succession, c'est-à-dire d'un objet qui n'aurait d'existence qu'après la mort du disposant; ce ne pouvait être non plus une donation à cause de mort, parce qu'elle contenait un dessaisissement actuel des biens présents : c'était un mode particulier de disposition qui n'était soumis par suite ni aux formalités des donations entre-vifs, ni à celles des testaments (2). « La démission des biens, dit Lebrun, est un » acte par lequel, par une anticipation de succession, on aban» donne à tous ses héritiers présomptifs la simple propriété, ou » le simple usufruit, ou la pleine propriété du total ou d'une » partie de ses biens, sous telles conditions qu'on veut im» poser. Ce n'est pas une donation entre-vifs, car dans la plu» part des provinces qui la pratiquent on la juge toujours » révocable; ce n'est pas une donation testamentaire, car elle » a un effet présent, quoique révocable; d'ailleurs elle n'est » point sujette aux formalités des testaments; mais c'est quel» quefois un contrat sans nom, *do ut des, do ut facias*; quel» quefois c'est un abandon pur et simple (3). »

Dans les pays de droit écrit, la démission de biens ne constituait pas un mode spécial de disposer; elle était autorisée cependant, mais elle ne pouvait se faire que dans la forme des donations à cause de mort ou entre-vifs (4), et elle devait

(1) Loi salique, tit. 48, de affatomiæ; Capitul. de Charlem., liv. 6, ch. 212; Boullenois, Quest. p. 4; Furgole, ch. 8, sect. 1re, n° 168.

(2) Pothier, appendice sur le tit. des success. de la cout. d'Orléans, n° 3. Nouveau Denizart, v° Démiss. de biens; Merlin, Quest. de droit, v° Démiss. de biens.

(3) Liv. 1, ch. 1, sect. 5, n° 2.

(4) Furgole, ch. 8, sect. 1re, n° 170.

alors remplir toutes les conditions de validité de ces actes.

Nous voyons déjà, par la définition qu'en donnait Lebrun, en quoi elle différait des partages d'ascendants dont nous venons de parler : c'est qu'elle emportait toujours un dessaisissement actuel, « une expropriation effectuelle, » comme disait Coquille, ce qui n'avait pas lieu dans l'autre espèce de disposition ; aussi était-elle beaucoup plus rare : de funestes exemples en avaient détourné les parents ; il était souvent arrivé, comme nous l'apprend Boullenois, « que ce qui aurait dû exciter la reconnais- » sance, l'amour, la piété, avait été la source du mépris, de » l'injustice et de la dureté de cœur (1) » Ces actes étaient presque toujours suivis de repentir et de regret : « Non nisi longe » ante meditati patres-familias, et bene introspectis dimissa- » riorum moribus huc devenerunt, pone illis nemesis et » præsto pœnitentia (2). » Loysel en avait résumé tous les dangers dans ces deux vers :

Qui le sien donne avant mourir
Bientôt s'appreste à moult souffrir (3).

Aussi, l'usage des démissions de biens était-il fort restreint, et sur le conseil d'un père de famille qui avait eu à se plaindre de l'ingratitude de ses enfants, qu'il avait comblés de bienfaits, on était convenu qu'il valait mieux que les enfants attendissent du bien de leurs père et mère, et que ceux-ci ne se vissent pas dans la dure nécessité de leur en demander : « melius » est ut te rogent, quam te respicere in manus filiorum tuo- » rum (4). »

(1) Quest. p. 7.

(2) D'Argentré sur l'art. 265 (des démissions) de la cout. de Bretagne.

(3) Inst. cout., n° 668; Legrand sur Troye, art. 59.

(4) Epitaphe qui se trouvait sur la tombe d'un M. Duffay dans l'église des Cordeliers de la ville de Troye, suivant le témoignage de Legrand, art. 59 de cette coutume.

La démission de biens proprement dite différait encore des partages d'ascendants en ce qu'elle consistait dans l'abandon des biens du disposant à tous ses héritiers, mais sans assignation de parts (1). Les démissionnaires partageaient ensuite entre eux les biens abandonnés. Mais le démettant avait aussi la faculté de faire suivre la démission de biens d'un partage; dans ce cas, il était obligé de se conformer aux dispositions des coutumes dans le ressort desquelles les biens étaient situés (2).

Si ces coutumes permettaient l'inégalité entre héritiers, sauf la légitime, le démettant pouvait faire une distribution inégale en marquant expressément son intention; dans celles qui exigeaient l'égalité, il suffisait qu'il n'y eût pas une disproportion considérable entre les lots (3), de plus d'un sixième, par exemple (4).

Le partage étant fait dans ces conditions, les démissionnaires n'avaient pas le droit d'en demander un nouveau au décès du démettant; mais c'était toujours à cette époque qu'il fallait se reporter pour savoir si les héritiers démissionnaires pouvaient se pourvoir contre le partage, car les démissions de biens, n'étant autre chose qu'une anticipation de succession, devaient être entièrement conformes aux dispositions des successions; on ne pouvait savoir dès lors qu'à la mort du démettant si chaque démissionnaire avait eu sa part (5).

(1) Lebrun, Success., liv. 1, sect. 5, ch. 1, n° 2.

(2) Nouv. Denizart, v° Démiss. de biens, § 2, n° 2.

(3) Mornac sur la loi 20, ff. fam. erc. « Vix est ut indulgeatur » quippiam a senatu liberis de divisione paternâ conquærentibus, nisi » maximè læsis. »

(4) Art. 560, cout. de Bretagne. — Boullenois, quest. 5, p. 62 et suiv.

(5) Dimissio habet à dispositione successoriâ quod pro majore portione fieri non potest, quàm in quâ quis successurus est, ne scilicet

Si, depuis la démission, il survenait de nouveaux biens au démettant, ces biens seuls fournissaient matière à un second partage. Dans le cas où un enfant naissait au démettant postérieurement à la démission, cet acte n'était pas nul, à moins qu'il n'eût été fait au profit de collatéraux; l'enfant nouvellement né était admis au partage avec ses frères (1).

Les démissions de biens n'étant que des successions anticipées, les démissionnaires étaient soumis au rapport des choses qui leur avaient été données antérieurement par le démettant : « donatio futuræ portionis successionis, nihil aliud erat quàm » pactum quod succedat pro suo virili et sic tanquam hæres » conferendo et confundendo in successione, sive hæreditario » jure (2). » Mais à quelle époque le rapport pouvait-il être exigé? Nos anciens auteurs étaient divisés sur cette question (3); toutefois un arrêt du parlement de Paris, du 14 mars 1647, décida que le rapport n'aurait lieu que du jour de la mort du démettant (4).

On admettait généralement, dans les pays de coutume, que le partage fait par le démettant donnait naissance à la garantie entre les démissionnaires, « parce que le père, dit Boullenois, est toujours présumé avoir voulu que chacun de ses enfants eût la chose qu'il leur a partagée, » « ut æquum in omnium » filiorum personâ conservetur judicium et voluntas, sive di» visio patris (5). » Dans les coutumes qui autorisaient l'in-

obliquâ dispositione contra notissimam juris consuetudinarii regulam, alterius ex hæredibus melior conditio fieret. D'Argentré, tit. des appropriances; Boullenois, quest. 5, p. 63.

(1) Nouv. Denizart, *l. c.*, n° 4; Boullenois, quest. 16; Dumoulin sur l'art. 159 de l'ancienne cout. de Paris; Furgole, ch. 8, sect. 1re, n° 191.

(2) Dumoulin, consil. 59. Boullenois, quest 8, p. 176 et suiv.

(3) Boullenois, quest. 8, p. 184 et 185.

(4) Nouv. Denizart, v° Démiss. de biens, n° 5

(5) Cujas sur la loi 33, ff. fam. erc.

égalité des partages, la garantie n'avait lieu que jusqu'à concurrence de la légitime (1). Chacun des démissionnaires devenant seul propriétaire, à partir de la démission, du lot qui lui était assigné, si les objets ou quelques-uns des objets qui y étaient compris venaient à périr par cas fortuit ou force majeure, c'était lui qui supportait cette perte; on appliquait la règle *res perit domino.*

Les démissions de biens ne pouvaient être faites qu'aux héritiers présomptifs et par celui qui était capable d'en avoir (2); elles pouvaient exister au profit des collatéraux; mais ce cas se présentait assez rarement : « demissiones raro in alios quam » liberos et nepotes fiunt (3). » « Il semble, dit Boullenois, » que la nature persuade ces sortes d'abandonnements anti- » cipés plus volontiers aux pères qu'à tous autres; de leur » vivant même, ils regardent leurs enfants comme associés dans » la propriété de leur domaine, et ces démissions ne font que » devancer le vœu de la nature et de la loi. Les démissions sont » plus rares en ligne collatérale, et la raison en est sensible : » on n'aime pas ordinairement ses collatéraux avec le même » attachement que l'on aime ses enfants, et on n'est pas porté » si volontiers à leur faire du bien de son vivant; il arrive » même assez souvent que l'on se sent plus d'inclination pour » les étrangers, et cela vient quelquefois de la propre indignité » de nos collatéraux : « invidia et ingratitudo major est in » propinquis, gratitudo et honor magis est ab extraneis. » L'avi- » dité de nos collatéraux nous choque et nous indispose; ils » envisagent nos successions comme des dons de fortune qui

(1) Boullenois, quest. 8, p. 191; Nouv. Denizart, v° Démiss. de biens, § 2, n° 6.

(2) Boullenois, quest. 1re. Demissio alteri quam ei qui bonorum futurus est hæres fieri nequit. D'Argentré sur la cout. de Bretagne, tit. des appropriances.

(3) D'Argentré sur la cout. de Bretagne, titre des appropriances.

» leur viennent trop tard, et ils n'ont les yeux que sur la » pierre qui doit fermer notre sépulture et leur assurer notre » succession : « oculi matris super filiam, oculi vero hæredum » super lapidem (1). »

La démission de biens n'était parfaite qu'après l'acceptation; mais les démissionnaires n'étaient nullement obligés de l'accepter, d'après la règle *Nul n'est héritier qui ne veut* (2).

Nous avons déjà dit que la démission de biens devait comprendre l'universalité des biens du démettant; elle n'aurait plus imité la nature, c'est-à-dire une succession anticipée, s'il en eût été autrement (3). Toutefois, le démettant pouvait se réserver l'usufruit de la totalité des biens ou quelques meubles, ou la disposition de quelques effets particuliers.

Comme il ne peut y avoir, en matière de succession, d'universalité de biens sans universalité de dettes, « non dicuntur » bona nisi deducto ære alieno, » les démissionnaires étaient tenus des dettes antérieures à la démission, mais seulement jusqu'à concurrence des biens qui la composaient, « intelli- » gendum usque ad concurrentiam donationis tantum (4). » Mais le démissionnaire pouvait-il renoncer aux biens acquis par le démettant depuis la démission, pour se décharger des dettes postérieures? Boullenois se prononçait pour l'affirmative (5). « Le démettant, disait-il, a *effectué* de son vivant, et » ses créanciers antérieurs n'ont point à se plaindre, dès qu'on » leur représente les biens de leur débiteur, et que le démission- » naire offre de les payer jusqu'à concurrence d'iceux. » Il en était autrement si un testateur avait fait par son testament un partage entre ses héritiers; ils devaient accepter sa succession

(1) Quest. 1re, p. 29.

(2) Furgole, ch. 8, sect. 1re, n° 186.

(3) Boullenois, quest. 3; Furgole, n° 185.

(4) Dumoulin, art. 56, cout. d'Artois.

(5) Quest. 9, 10 et 11.

s'ils voulaient recueillir ses biens : « quod capit, capit ut hæres, » et nisi hæres sit capere potest (1). »

Les démissions de biens étaient révocables au gré du démettant : « in omnibus, quæ concernunt futuram alicujus successio- » nem consensus et voluntas ejusdem mutabilis est et ambula- » toria usque ad mortem. » (Dumoulin, art. 8, glos. 1, n° 55.) Mais il fallait que la révocation fût expresse; les aliénations faites par le démettant des biens compris dans la démission, ou les hypothèques par lui consenties sur ces mêmes biens, n'auraient pas constitué une révocation suffisante (2). La révocation pouvait avoir lieu à l'égard de tous les démissionnaires ou d'un seul d'entre eux (3). Elle avait pour effet, dans tous les cas, de faire rentrer les biens dans la main du démettant libres de toutes les charges qui y auraient été constituées par les démissionnaires; elle réfléchissait même contre les créanciers et les tiers acquéreurs des démissionnaires, car elle s'opérait « ex causâ antiquâ et » necessariâ (4). » Les démissions de biens étaient irrévocables, par exception, lorsqu'elles étaient faites par contrat de mariage, mais seulement en faveur de celui qui avait contracté mariage, et encore lorsqu'un père, poursuivi pour cause de prodigalité, se démettait de ses biens en faveur de ses enfants (5).

Dans les coutumes de Bretagne et de Normandie, on suivait des principes opposés ; la démission de biens était irrévocable dans tous les cas, ce qui faisait dire à d'Argentré : « dimissio » juris Britannici singularis, ut exteris ignota. »

(1) Coquille, quest. 244.

(2) Furgole, n° 198 ; Boucheul, Des convent. de succéder, ch. 8, n° 18 ; Boullenois, quest. 17 et 18 ; Lhommeau, Maximes ; Choppin sur Paris, liv. 2, tit. 2, n° 30 ; Ricard, Donations, part. 1, n° 994.

(3) Furgole, n° 196.

(4) Boullenois, quest. 17 et 18 ; Lebrun, liv. 1, ch. 1, sect. 5, n° 25 ; Boucheul, Des conv. de succéder, liv. 8, n° 19.

(5) Furgole, n° 194 : Boullenois, quest. 17.

Nous avons déjà dit que les démissions de biens n'étaient soumises ni aux formes des donations entre-vifs, ni à celles des testaments; elles pouvaient se faire par un acte public ou privé. L'ordonnance de 1731 n'introduisit aucun changement à cet égard; c'est ce que nous apprend d'Aguesseau dans une lettre écrite le 22 juillet 1731 au premier président du parlement de Normandie : « C'est encore avec réflexion qu'on n'a pas jugé à » propos de parler dans la nouvelle ordonnance des démis- » sions de biens et des donations faites en avancement d'hoirie, » ou sous la condition tacite d'être héritiers ; cela regarde la » matière des partages et des dispositions entre enfants, qui » forment un autre objet, sur lequel le roi pourra s'expliquer » par la suite (1). »

Les démissions de biens survécurent donc à l'ordonnance de 1731, avec leur caractère de mode spécial de disposition entre-vifs au profit des héritiers présomptifs.

Tel était l'état de la législation sur les partages d'ascendants et les démissions de biens, lorsque toutes nos vieilles institutions disparurent et se confondirent un instant dans le mouvement révolutionnaire.

La loi du 17 nivôse an II établit l'égalité parfaite dans les successions; elle ne s'expliqua point sur les partages d'ascendants et les démissions de biens. Quant à la démission de biens pure et simple, il n'est pas douteux qu'elle ne fût permise sous l'empire de cette loi; mais faut-il en dire autant du partage d'ascendants proprement dit, ou du partage qui accompagnait une démission de biens? Les idées d'égalité absolue qui dominaient l'esprit des législateurs de cette époque portent à penser que ces actes étaient prohibés; car rien n'est plus facile, comme l'a très-bien fait observer M. Genty dans son Traité des partages

(1) Lettre 295, t. 9, p. 286. Pothier, cout. d'Orléans, appendice, sur les success., n° 3.

d'ascendants, que d'avantager un de ses héritiers au moyen d'un partage (1).

Quoi qu'il en soit, la loi du 5 germinal an VIII, en abrogeant celle de l'an II, et en autorisant les avantages entre héritiers, rétablit tacitement cette espèce de disposition. Le Code Napoléon s'est expliqué particulièrement sur les partages d'ascendants dans le chapitre VII du tit. II du livre I. Nous allons nous livrer maintenant à l'examen des règles qu'il trace sur cette matière ; nous aurons plus tard à nous demander, dans un chapitre spécial, ce que l'on doit conclure du silence des lois actuelles en ce qui concerne les démissions de biens.

(1) P. 72.

CODE NAPOLÉON.

DES PARTAGES FAITS PAR PÈRE, MÈRE ET AUTRES ASCENDANTS ENTRE LEURS DESCENDANTS.

ART. 1075-1080 C. N.

Les partages d'ascendants, dont les règles sont exposées dans les art. 1075 et suivants du Code Napoléon, diffèrent essentiellement de ceux admis dans le droit romain et dans l'ancien droit français. Ce n'est plus aujourd'hui une disposition privilégiée, quant à la forme qu'elle doit revêtir; la simple volonté de l'ascendant serait impuissante à lui donner la force légale qui lui est nécessaire ; elle est soumise au droit commun en matière de donations entre-vifs et de testaments. (Art. 1076 Cod. Nap.)

Les partages d'ascendants jouissent cependant, dans notre législation actuelle, d'un privilége qu'ils avaient autrefois : c'est de fournir au disposant un moyen de conférer un avantage, autrement que par préciput, à l'un de ses enfants, pourvu que cet avantage ne constitue pas une lésion de plus du quart au détriment des autres enfants.

Les partages d'ascendants étant essentiellement révocables, ils n'entraînaient en général un dessaisissement actuel que lorsqu'ils accompagnaient une démission de biens; tous leurs effets étaient reportés à la mort de l'ascendant, suivant cette règle posée par Dumoulin : *In omnibus quæ concernunt futuram alicujus successionem, consensus et voluntas ejusdem mutabilis est et ambulatoria usque ad mortem* (1).

(1) Sur l'art. 8 de la cout. de Paris, gl. 1, n° 53.

Le Code Napoléon a suivi un autre système, du moins en ce qui concerne les partages entre-vifs; il leur a donné le caractère des démissions de biens dans les coutumes de Bretagne et de Normandie; il a préféré l'usage qui, suivant Lebrun, « faisait plus d'honneur à l'homme, parce qu'il pré» supposait qu'il devait être constant dans ses actions (1). »

Les partages entre-vifs aujourd'hui ont pour conséquence un dessaisissement immédiat des biens partagés, et ils sont de plus irrévocables. Quant aux partages testamentaires, ils tiennent de la nature de l'acte dans lequel ils sont faits d'être soumis à tous les caprices de la volonté du testateur : *voluntas testatoris ambulatoria est usque ad mortem.* Nous aurons occasion de nous expliquer en détail sur les effets de chacune de ces dispositions; qu'il nous suffise en ce moment d'avoir signalé la différence notable qui sépare la législation actuelle de celles qui l'ont précédée.

Si l'on se demande par quelles considérations les partages d'ascendants ont été admis dans notre droit actuel, on voit que c'est dans l'intérêt des familles, afin de prévenir les dissensions entre frères, qui sont d'un exemple si funeste pour la société, et qui, malheureusement, sont trop fréquentes: *rara concordia inter fratres*, a dit un poëte.

M. Bigot-Préameneu s'exprimait ainsi à la chambre législative (2) : « Il est un autre genre de dispositions qui doit avoir sur le sort des familles une grande influence : ce sont les partages faits par le père, la mère ou les autres ascendants entre leurs descendants; c'est le dernier et l'un des actes les plus importants de la puissance et de l'affection des pères et mères. Ils s'en rapporteront le plus souvent à cette sage répartition que la loi elle-même a faite entre leurs enfants; mais

(1) Lebrun, *Traité des success.*, liv. 1, ch. 1, sect. 5, n° 17.

(2) Exposé des motifs du titre des donat. et testam.

il restera souvent, et surtout à ceux qui ont peu de fortune comme à ceux qui ont des biens dont le partage ne sera pas facile ou sera susceptible d'inconvénients, de grandes inquiétudes sur les dissensions qui peuvent s'élever entre leurs enfants. Combien serait douloureuse pour un bon père l'idée que des travaux dont le produit devait rendre sa famille heureuse seront l'occasion de haines et de discordes ! A qui donc pourrait-on confier avec plus d'assurance la répartition des biens entre les enfants qu'à des pères et mères qui, mieux que tous les autres, en connaissent la valeur, les avantages et les inconvénients ; à des pères et mères qui rempliront cette magistrature, non-seulement avec l'impartialité de juges, mais encore avec ce soin, cet intérêt, cette prévoyance que l'affection paternelle peut seule inspirer ? »

Ce ne sont pas là les seuls avantages qui recommandaient les partages d'ascendants ; il en est d'autres qui n'ont peut-être pas agi aussi fortement sur l'esprit du législateur, mais qui n'en sont pas moins importants pour les héritiers entre lesquels s'opère le partage.

Un partage amiable n'est pas toujours possible entre cohéritiers ; il arrive souvent qu'il ne peut avoir lieu par l'effet de l'incapacité de l'un d'eux. Il faut alors recourir aux voies judiciaires, qui présentent des inconvénients et sont encore l'occasion de frais assez considérables, ou bien rester dans l'indivision jusqu'à ce que les incapables soient relevés de leur incapacité. L'ascendant qui fait, avant de mourir, le partage de ses biens, évite donc à ses descendants de grands embarras et en même temps les frais d'un partage judiciaire.

CHAPITRE PREMIER.

CARACTÈRE DES PARTAGES D'ASCENDANTS.

Les partages d'ascendants ont un caractère mixte. Dans les

rapports de l'ascendant avec ses descendants, ils constituent une véritable disposition à titre gratuit; mais si on les examine dans les rapports des descendants entre eux, ce n'est plus qu'un partage. Ce double point de vue sous lequel doivent être envisagés les partages d'ascendants nous paraît résulter d'une manière incontestable de l'art. 1076 C. N., qui, s'occupant de l'acte en tant qu'il émane de l'ascendant, le soumet « à toutes les formalités, conditions et règles prescrites pour les donations entre-vifs et les testaments, » et des art. 1078-1079, qui règlent les rapports établis par cette disposition entre les descendants, et permettent de l'attaquer pour les mêmes causes qui vicient les partages ordinaires.

Quelques auteurs n'ont vu dans les partages d'ascendants qu'une sorte de disposition à titre gratuit (1); d'autres ont pensé, et c'est le plus grand nombre, que les biens faisant l'objet du partage étaient acquis à titre successif par les descendants : c'est là ce qui est enseigné par Grenier (2). « Il en résulte, dit-il (de l'art. 1075), ce qui est bien important, que ce partage n'est point une libéralité. La faculté accordée par la loi a pour but la distribution et le partage des biens; son objet a été de faciliter des arrangements de famille qui prévinssent des contestations et pussent maintenir la paix. »

C'est aussi l'avis de Toullier; il s'exprime ainsi : « Le Code permet au père et à la mère de famille d'avantager un ou plusieurs de leurs enfants ou descendants de toute la portion disponible de leurs biens. C'est un pouvoir que la loi leur confère pour encourager les vertus et prévenir les vices dans les familles, par la perspective d'une punition à mériter ou d'une peine à encourir.

» Ils peuvent même assurer à leurs petits-enfants la jouis-

(1) Guilhon, des Donat. entre-vifs, t. 2.
(2) *Traité des donations*, n° 393.

sance de leur bienfait en grevant de restitution les biens donnés; et quoique ces dispositions, soit pures et simples, soit à charge de rendre, ne dussent être, dans l'esprit de la loi, que des actes de justice distributive et non l'effet d'une prédilection désordonnée, ce n'en seraient pas moins des actes de libéralité, et personne n'a le droit de demander compte aux pères ou mères de famille des motifs de leurs préférences.

» Le Code leur permet, de plus, de faire des actes de justice commutative, en faisant entre leurs enfants le partage et la distribution de leurs biens (art. 1075). C'est un acte de magistrature domestique, dans lequel ils doivent observer l'égalité requise dans les partages..... Les partages faits par des ascendants ne sont pas ordinairement des actes de libéralité (1). »

On pourrait invoquer à l'appui de cette doctrine l'art. 1406 C. N., aux termes duquel l'immeuble cédé par un ascendant à un enfant marié, même en payement d'une somme mobilière qu'il lui doit, n'entre point en communauté; disposition, d'après Toullier (2), qui trouve sa source dans le grand principe que les dons faits par un ascendant sont toujours considérés comme des avancements de succession sur des biens dont les enfants étaient en quelque sorte copropriétaires avec leurs père et mère.

Mais ce n'est là qu'un côté, que l'un des aspects sous lesquels la matière se présente; car, il faut bien le remarquer, l'art. 1406 ne s'occupe des effets du contrat fait par l'ascendant avec son descendant que dans les rapports de celui-ci avec son conjoint.

Sans doute, au regard des descendants entre eux, le partage d'ascendants n'est pas une disposition à titre gratuit; les textes qui le soumettent à des règles complétement étran-

(1) T. 5, nos 803 et 808.

(2) T. 12, no 145. Mourlon, t. 3, p. 14; Rolland de Villargues, vo Communauté de biens, no 194, et vo Pacte de famille, no 4.

gères à ces derniers actes en fournissent la preuve ; mais en est-il de même vis-à-vis de l'ascendant ? que fait il ? ses descendants entre lesquels il partage ses biens ne tiennent-ils rien de lui ? se borne-t-il à faire un peu plus tôt ce que la loi aurait fait plus tard, à son décès ? S'il en était ainsi, ses descendants recueilleraient évidemment ses biens à titre successif. Mais ce qui donne un autre caractère au partage d'ascendants, c'est qu'en assignant des objets déterminés pour sa part à un descendant, l'ascendant dispose des parts qui revenaient aux autres dans ces objets, comme aussi, dans les parts assignées à ceux-ci, il dispose au préjudice de celui-là de celles qui lui revenaient dans les objets qu'elles comprennent.

Chacun d'eux tient sa part de lui directement ; sous ce rapport, le partage est donc une disposition à titre gratuit. M. Genty fait très-bien sentir ce résultat (1) : « Car, dit-il, il (l'ascendant) attribue à chacun d'eux *in solidum* des objets que la loi toute seule leur aurait attribués à tous en commun et par indivis. Il ne serait donc pas exact de dire qu'il n'est que l'exécuteur de la loi, qu'il ne fait qu'assigner à chacun de ses héritiers ce que la loi elle-même leur attribue. Il ajoute incontestablement à l'attribution faite par la loi, puisque les biens qu'il partage n'auront plus, par suite du partage qu'il en fait, le sort et la condition qu'ils auraient d'après la disposition seule qu'en fait la loi. Ce n'est qu'en vertu de son acte que chacun tiendra une portion divise et déterminée; donc, et c'est là notre conclusion, cet acte constitue de sa part une espèce particulière de disposition à titre gratuit ; en le faisant, il dispose dans une certaine mesure. Conséquemment le pouvoir pour les ascendants de partager leurs biens forme entre leurs mains un pouvoir de disposer. Aussi telle est bien la manière de voir du législateur, puisqu'il soumet l'acte de partage aux formalités, conditions et règles des dispositions gratuites. »

(1) *Traité des partages d'ascend.*, p. 81.

Ainsi, entre l'ascendant et ses descendants il existe les rapports de donateur à donataire, et entre les descendants, ceux de cohéritier à cohéritier. En traitant des effets de cette nature de dispositions, nous dirons quelles conséquences légales résultent de ce caractère que nous venons de leur reconnaître.

Dans le droit romain et dans l'ancien droit français, les partages d'ascendants étaient considérés comme des libéralités ; on les plaçait sur la même ligne que les donations à cause de mort (1) ; c'est pour cela qu'on avait si longtemps disputé sur le point de savoir s'ils donnaient lieu à la garantie entre les copartagés (2).

CHAPITRE II.

DES PERSONNES ENTRE LESQUELLES PEUT AVOIR LIEU LE PARTAGE D'ASCENDANTS.

L'art. 1075 du Code Napoléon est ainsi conçu : « Les père et mère et autres ascendants pourront faire entre leurs enfants et descendants la distribution et le partage de leurs biens. » Il suit de là que les ascendants, à quel degré qu'ils appartiennent et quel que soit leur sexe, ont la faculté de faire le partage de leurs biens entre leurs descendants. Dans l'ancien droit français, quelques coutumes ne l'accordaient qu'au père seul ; d'autres la donnaient au père et à la mère, mais la refusaient à l'aïeul et à l'aïeule (3) ; d'autres l'étendaient même

(1) Furgole, des Testam., ch. 8, sect. 1re, n° 151 ; art. 216, cout. Bourbonnais ; art. 560, cout. Bretagne. Lebrun, Success., liv. 4, ch. 1, n° 12.

(2) Peregrinus, de Fideicomm., art. 52, nos 53 et suiv. Menochius, liv. 4, præsumptio 118. Auroux des Pommiers sur l'art. 216, cout. du Bourbonnais, nos 37 et 38.

(3) Auroux des Pommiers sur l'art. 216 de la cout. du Bourbonnais, n° 3.

aux collatéraux ; mais, dans ce dernier cas, il faut bien le remarquer, on devait observer les formalités requises pour les testaments et les codicilles ; les partages en collatérale n'étaient du reste valables que dans les coutumes qui les autorisaient expressément (1).

Un parent collatéral peut-il, d'après le Code Napoléon, partager ses biens entre ses héritiers présomptifs? Si l'on consulte l'art. 1075, il en faut conclure avec M. Grenier : « que le partage est accordé aux seuls ascendants respectivement à leurs enfants, et qu'il n'a point lieu respectivement à leurs héritiers collatéraux (2). » C'est un privilége du sang en ligne directe, comme l'a dit un auteur (3).

Sans doute, un parent collatéral pourrait distribuer ses biens à ses héritiers présomptifs ; les collatéraux peuvent donner ou léguer leurs biens comme bon leur semble : mais ce ne serait pas là un acte de partage produisant les effets que la loi attache aux partages d'ascendants ; il n'y aurait qu'une donation entre-vifs ou un testament ordinaire, suivant que la disposition se présenterait sous l'une ou l'autre de ces formes.

Les règles posées par le législateur dans les art. 1075 à 1080 sont exceptionnelles, nous l'avons suffisamment démontré en faisant connaître le caractère juridique des partages d'ascendants ; elles s'appliquent alors exclusivement aux personnes qui y sont désignées : *exceptio strictissimæ est interpretationis*.

C'est l'opinion la plus généralement adoptée et en même temps celle qui nous paraît la plus conforme aux vrais principes sur la matière (4).

(1) Furgole, ch. 8, sect. 1re, no 156.

(2) *Traité des donat.*, no 393.

(3) Rolland de Villargues, Rép., vo Partage d'ascend., no 11.

(4) Duranton, t. 9, n° 618; Vazeille, art. 1079, n° 7; Zachariæ, t. 5,

M. Genty (1) ne voit pas dans les partages faits par les collatéraux des actes tels que ceux permis aux ascendants par le droit actuel, c'est-à-dire des actes ayant véritablement le caractère légal de partages; mais il pense (et par là il se sépare complétement du système qui vient d'être exposé) qu'ils doivent néanmoins produire tous les effets d'un partage; il faut suivre, d'après lui, la volonté du parent collatéral, manifestée par le nom qu'il donne à sa disposition. Il a voulu faire un partage, il a suffisamment témoigné ainsi l'intention de ne pas priver un de ses héritiers de sa part héréditaire, soit en totalité, soit en partie seulement; s'il l'a omis, ou si, par suite de la distribution qu'il a faite, il existe au préjudice de cet héritier une lésion de plus du quart, on doit présumer, de la part du disposant, un oubli involontaire ou une erreur de calcul. Ce serait donc aller contre le but qu'il s'est proposé que d'exécuter sa disposition. Voici, en résumé, la théorie de cet auteur.

Si le parent qui fait la distribution de ses biens avait déclaré expressément attacher à cet acte les effets ordinaires des partages, sa volonté devrait être respectée; car on peut toujours soumettre sa libéralité à une condition, pourvu que cette condition ne soit pas contraire aux lois et aux bonnes mœurs: « Cuique licet liberalitati suæ modum imponere. » Mais lorsqu'il s'est borné à qualifier sa disposition du nom de partage, faut-il en conclure, comme le fait M. Genty, qu'il a voulu y comprendre tous ses héritiers, et que l'omission de l'un d'eux la rend nulle, qu'il a voulu établir l'égalité entre tous ses donataires et légataires, et que la lésion de plus d'un quart au préjudice de l'un d'eux donne ouverture à l'action en rescision, qu'enfin il les a soumis à l'obligation de garantie? Nous ne le pensons pas.

p. 470; Grenier, t. 1, n° 393; Marcadé sur l'art. 1075; Taulier, t. 4, p. 215.

(1) *Traité des partages d'ascend.*, p. 92 et suiv.

Toute sa fortune est disponible, il peut en faire ce qu'il veut; ses neveux ou cousins n'y ont aucun droit qui puisse contrarier sa volonté. Lorsqu'il déclare faire un partage de ses biens, on ne doit pas présumer, s'il n'a pas dit autre chose, qu'il a entendu les distribuer à tous ses héritiers, et établir entre eux une égalité parfaite : ce serait le plus souvent aller à côté de la vérité. La pensée qui se présente tout naturellement à l'esprit, c'est qu'il a fait ce qu'il pouvait faire, c'est-à-dire, qu'il a disposé de ses biens en faveur de qui il lui a plu. Il s'est servi improprement du mot partage pour exprimer qu'il se démettait de ses biens ou qu'il distribuait ses biens entre ceux de ses collatéraux qu'il affectionnait plus particulièrement, et dans la mesure de l'attachement qu'il avait pour eux. Ce serait donc aller contre son intention que d'annuler les donations ou les legs dans lesquels se résume sa disposition, pour cause de prétérition de l'un des collatéraux. Lorsqu'une personne a fait rigoureusement ce qu'elle avait le droit de faire, on ne doit pas supposer qu'elle ait voulu autre chose, et surtout qu'elle ait limité elle-même ses pouvoirs. Voici la raison qui nous porte à repousser le système de M. Genty, qui avait, du reste, été déjà présenté par Delvincourt (1).

Alors même que le parent collatéral, en faisant une donation, y aurait apposé la condition qu'il ferait lui-même la distribution et le partage des biens qu'elle comprenait entre ses héri-

(1) T. 2, p. 149. M. Genty fait, en quelque sorte, lui-même justice de son opinion, p. 98 de son traité, en déclarant « que la question de savoir si un collatéral a ou n'a pas entendu que sa disposition produisît les effets généraux des partages est évidemment une pure question d'interprétation. *Seulement, dans le doute, l'acte devrait, à notre avis, s'exécuter tel qu'il est, et partant conformément aux effets ordinaires des donations ou des legs ; car c'est le droit commun qu'il faut appliquer, dès qu'il n'est pas établi que le disposant a entendu y déroger.* » C'est à peu de choses près une rétractation.

tiers, le partage fait postérieurement ne serait qu'un acte soumis aux règles des donations. Par cette réserve, il aurait montré la volonté de conserver intacte la libre disposition de ses biens, de ne pas se soumettre à des règles gênantes, s'il n'avait pas une affection égale pour ses donataires. Le partage étant alors une condition de la donation devrait être exécuté, quelles que fussent les inégalités faites par le disposant dans les lots de ses donataires. La donation et le partage, dans cette espèce, ne peuvent être séparés, ils sont indivisibles (1).

Il est un cas cependant dans lequel les caractères d'un partage véritable pourraient se réunir, celui où un parent ayant fait à ses collatéraux une donation en masse de tous ses biens, ces derniers en feraient ensuite eux-mêmes le partage par le même acte. Il n'est pas douteux que tous les effets généraux des partages se réaliseraient dans cette opération; quant aux règles spéciales aux partages d'ascendants, elles ne lui seraient pas applicables.

Si, dans cette hypothèse, les effets juridiques de la disposition entre collatéraux sont différents, cela tient à ce que les droits des donataires étaient égaux *ab initio*, par le fait de l'indivision qui a été établie entre eux, et que le partage ultérieur auquel ils procèdent ne peut avoir pour résultat de modifier la position qui leur est acquise.

Le donateur ou le testateur qui disposerait de ses biens au profit de personnes autres que ses héritiers présomptifs, en qualifiant de partage l'acte par lequel il ferait sa disposition, ne lui attribuerait pas des effets autres que ceux des donations ou des testaments. Il n'y a pas à distinguer, sous ce rapport, entre les dispositions en faveur de collatéraux et celles au profit d'étrangers.

Mais en serait-il de même du partage fait par un descendant

(1) Duranton, t. 9, n° 619. Rolland de Villargues, n° 13.

entre ses ascendants ? Sans aucun doute; la loi n'admet pas plus les descendants que les collatéraux à faire des actes qu'elle réserve exclusivement aux ascendants. Il faut seulement remarquer que les descendants n'ont pas, comme les collatéraux, une faculté illimitée de disposer de leurs biens; ils doivent toujours observer les règles relatives à la quotité disponible, et ils ne pourraient pas plus au moyen d'un acte qualifié de partage qu'au moyen de tout autre acte, porter atteinte à la réserve de leurs ascendants. Si, par suite, ils avaient donné ou légué la quotité disponible à un tiers, les inégalités qui résulteraient de la distribution entre leurs ascendants donneraient ouverture à l'action en réduction. Aussi peut-on dire des descendants, comme la remarque en a été faite (1), ce qu'il ne serait pas exact de dire des collatéraux, « qu'ils ont, relativement à la distribution de leurs biens entre leurs héritiers présomptifs, des pouvoirs moins étendus que les ascendants; car ceux-ci peuvent, au moyen d'un acte qualifié par eux de partage, ce qu'ils ne pourraient pas au moyen d'un acte de disposition simple, c'est-à-dire entamer la réserve. Or, il ne saurait en être ainsi des descendants, puisque leurs actes ne peuvent jamais être que des dispositions simples, et que la qualification qu'ils lui donneraient de partage ne saurait les transformer en véritables partages, ni par conséquent les faire jouir du privilége attaché sous ce rapport aux partages d'ascendants. »

La loi ne permet aux ascendants de faire le partage de leurs biens qu'entre leurs descendants; il suit de là que la distribution de leur fortune à des étrangers ne constituerait qu'une disposition à titre gratuit, et ne produirait en aucune façon les effets d'un partage. S'ils comprenaient un étranger dans le partage entre leurs enfants, cette disposition ne serait pas nulle quant à cet étranger, comme dans le droit romain (2);

(1) Genty, Traité des part. d'ascend., p. 99.

(2) L. 21, § 1, C. de testam.; l. 26, fam. erc.

ce serait à son égard une disposition à titre gratuit qui ne participerait en aucune façon aux effets généraux des partages réalisés en faveur des descendants, mais qui serait soumise à toutes les conditions et à toutes les règles qui s'appliquent aux donations ou aux legs, suivant qu'elle serait faite par acte entre-vifs ou par testament.

Les ascendants ne peuvent faire le partage des biens qu'entre les enfants ou descendants qui sont appelés directement et immédiatement à la succession; cela résulte des termes mêmes de la loi, art. 1075 Code Nap. Si donc les enfants du premier degré sont vivants, la donation faite à leurs enfants ou arrière-petits-enfants ne saurait constituer un partage d'ascendants.

Le partage doit être fait entre tous les enfants ou descendants du disposant. Si tous ceux existant au décès n'y ont pas figuré, le partage est nul, comme nous le verrons plus tard. Art. 1078 C. Nap.

La distribution de ses biens faite par un ascendant à ses enfants naturels ou à ses enfants adoptifs serait-elle un partage tel que celui dont les règles sont posées dans les art. 1075 à 1080 C. Nap.? Quant aux enfants adoptifs, il n'y a pas de difficulté : la loi leur attribue expressément sur la succession de l'adoptant les mêmes droits qu'aux enfants légitimes, même dans le cas où des enfants légitimes seraient nés depuis l'adoption (art. 350 C. Nap.) La disposition qui serait faite en faveur de plusieurs enfants adoptifs, ou d'un enfant adoptif et des enfants légitimes nés postérieurement à l'adoption, serait donc un véritable partage d'ascendants.

En serait-il de même de la distribution faite entre les enfants naturels? Dans l'ancien droit, les pères et mères naturels n'avaient pas la faculté de faire entre leurs enfants le partage de leurs biens, car cette faculté dérivait de la puissance paternelle qu'ils n'avaient pas (1). Aujourd'hui les partages d'as-

(1) Furgole, testam., ch. 2, sect. 1re, no 39.

cendants sont encore un attribut de la puissance paternelle : « C'est, comme le disait M. Bigot-Préameneu, le dernier et l'un des actes les plus importants de la puissance et de l'affection des pères et mères. » Les pères et mères naturels ont la puissance paternelle sur leurs enfants naturels (art. 383 C. Nap.). Les raisons qui leur faisaient refuser la faculté de partager leurs biens entre ces enfants n'existent donc plus. Ils semblent, du reste, compris dans les termes de la loi, qui s'appliquent indistinctement à tous les pères et mères, légitimes ou naturels (art. 1075). Mais, dit-on, pour bénéficier d'un partage d'ascendants, il faut être héritier, et les enfants naturels ne le sont pas. Sans doute, la loi ne leur accorde pas le nom honorable d'héritier (art. 756 C. Nap.), ils ne jouissent pas des prérogatives morales qui sont attachées à ce titre, mais il participent à tous les avantages matériels qu'il renferme (art. 757, 758 C. Nap.); on sait même qu'ils ont une réserve comme l'enfant légitime. Ils sont héritiers de fait s'ils ne le sont pas de nom; ils ont un droit sur la succession de leurs pères ou mères. Il est difficile de comprendre, dès lors, que ceux-ci ne puissent faire entre leurs enfants, appelés à recueillir leur succession, le partage de leurs biens.

On fait une objection qui paraît plus sérieuse au premier abord. Voici comment elle est formulée par M. Genty (1) : « Le partage d'ascendants réglé par la loi étant un moyen d'avantager indirectement l'un des copartagés, il a pu être admis à l'égard des descendants légitimes, parce qu'il est permis, en thèse absolue, d'avantager un descendant légitime. Mais, à l'inverse, il n'a pu être admis à l'égard des enfants naturels, puisqu'il n'est pas permis d'avantager ces enfants. Par cela seul que la loi a formellement refusé aux pères et mères naturels le pouvoir d'avantager, soit directement, soit indirectement, leur

(1) Ch. 1er, p. 102, no 5.

enfant naturel, elle leur a refusé le pouvoir de l'avantager par la voie indirecte du partage, non moins que par la voie directe d'une disposition par préciput. Ils peuvent, sans doute, d'après ce qu'on a déjà dit, comprendre leur enfant naturel dans la distribution de leurs biens; mais cette distribution n'aura, à l'égard de cet enfant, que le caractère simple de disposition à titre gratuit. »

A cela nous répondons, en premier lieu, que si les partages d'ascendants sont un moyen d'avantager l'un des copartagés, néanmoins, la présomption qui doit dominer n'est pas celle d'une inégalité dans les lots, mais bien celle d'après laquelle les biens auraient été distribués dans la mesure des droits de chacun. Il s'agit en effet, il ne faut pas l'oublier, d'un acte ayant le caractère légal d'un partage, dans lequel par conséquent l'inégalité, les avantages, ne se présument pas. C'est bien la pensée qui a présidé à la rédaction de l'art. 1080 C. N., suivant lequel l'enfant qui attaquera le partage pour cause de lésion devra faire l'avance des frais d'estimation. S'il est vrai que la loi n'a pas institué les partages d'ascendants dans le but de favoriser des préférences souvent aveugles, il en faut conclure qu'elle a permis ces actes aux pères et mères naturels, parce qu'ils ne sont censés faire qu'un partage semblable à celui auquel il aurait été procédé après leur mort : « officium arbitri dividendæ » hæreditatis præveniendo, » comme disait la loi romaine.

Mais, en fait, un avantage indirect pourrait résulter d'un partage en faveur d'enfants naturels, et la loi, dit M. Genty, ne veut pas qu'ils aient, dans aucun cas, plus que la quotité de biens qu'elle leur attribue. Oui, cela est vrai, en thèse générale, les enfants naturels ne peuvent recevoir au delà de ce qui leur est accordé par la loi, comme aussi les avantages qui sont faits aux enfants légitimes ne peuvent dépasser la quotité disponible; mais nous sommes ici en dehors du droit commun, nous nous trouvons en présence d'une exception favorable; la réserve des enfants légitimes, qui ne peut jamais être entamée, le sera sans aucune conséquence, et, de même, les enfants naturels pourront recevoir une quotité plus grande que celle dont ils jouissent d'après le droit commun.

Il est bien entendu, du reste, que dans les partages que feraient les pères ou mères entre leurs enfants naturels, ils devraient suivre les règles tracées dans les art. 757 et 758 C. N. Ils ne pourraient pas ne partager leurs biens qu'entre leurs enfants naturels, s'ils laissaient des ascendants, ou des frères ou sœurs, ou bien des parents collatéraux. Nous pensons seulement que le partage ne devrait pas contenir au profit de l'enfant naturel un avantage qui, relativement à ce qu'il aurait dû avoir, constituerait une lésion de plus du quart au préjudice de l'un ou plusieurs de ses cohéritiers.

Si l'on suppose que les pères ou mères qui partagent leurs biens ont à la fois des enfants légitimes et des enfants naturels, et disposent en faveur de tous ces enfants, l'acte qu'ils font (c'est une conséquence du principe que nous venons d'établir) a tous les caractères d'un partage d'ascendants, aussi bien à l'égard des enfants naturels que vis-à-vis des enfants légitimes.

Mais que faudrait-il décider si, en l'absence d'enfants légitimes, la distribution était faite entre les enfants naturels et les ascendants, ou bien les frères ou sœurs, ou bien encore les collatéraux qui auraient droit à une part dans la succession du disposant? Nous pensons qu'il n'y aurait un partage d'ascendants que dans les rapports des enfants naturels entre eux; quant aux autres parents, ce ne serait qu'une simple disposition à titre gratuit, suivant les règles que nous avons déjà établies.

Le père et la mère peuvent se réunir pour faire le partage de leurs biens entre leurs enfants; la loi ne fait nullement obstacle à une combinaison de cette nature.

Il nous reste à examiner en quelques mots entre quelles personnes le partage d'ascendants peut avoir lieu, en ne nous attachant plus à la qualité dont elles sont revêtues, mais seulement à la capacité légale qui leur est nécessaire soit pour disposer, soit pour recevoir.

Le législateur n'ayant pas établi de règles à cet égard, il faut suivre, d'après l'art. 1076 C. N., celles qui sont propres aux donations entre-vifs et aux testaments.

L'ascendant, pour faire un partage entre-vifs, doit être capable de disposer par donation entre-vifs. Pour faire un partage testamentaire, il doit avoir la capacité de disposer par testament.

La femme mariée, le mineur, l'individu pourvu d'un conseil judiciaire, ne pourraient donc faire le partage de leurs biens entre leurs enfants qu'en observant les règles qui leur sont tracées dans les art. 902, 903, 904, 905, 499 et 513 C. N. L'interdit ne le pourrait d'aucune façon. (Art. 502 C. N.)

Les descendants doivent, de leur côté, être capables de recevoir par donation entre-vifs, s'il s'agit d'un partage entre-vifs, et par testament, s'il s'agit d'un partage testamentaire; dans l'un ou l'autre cas ils doivent remplir les conditions écrites dans l'art. 906 C. N.

CHAPITRE III.

RÈGLES A OBSERVER DANS LES PARTAGES D'ASCENDANTS.

Les règles qui doivent être suivies en matière de partages d'ascendants sont relatives aux personnes ou aux choses qui doivent être comprises dans la disposition. Nous allons d'abord nous occuper de celles qui concernent les personnes.

§ Ier.

Règles concernant les personnes.

Le partage doit, pour être valable, comprendre tous les enfants ou descendants qui existeront au décès du disposant, et les descendants des enfants prédécédés (art. 1078 C. N.). Voilà les prescriptions de la loi. La raison en est que le partage d'ascendants doit avoir la physionomie d'un partage ordinaire de succession, qui ne peut produire d'effet que si tous les cohéritiers y ont pris part dans la mesure de leurs droits.

Il faut bien remarquer que la disposition est bonne dès qu'elle comprend tous les enfants existant au décès de l'ascendant, alors même qu'au moment où elle aurait été faite, quelques-uns d'eux auraient été omis (1); on n'a pas à examiner si à cette époque le partage a eu lieu entre tous les descendants appelés éventuellement à la succession.

Il suit de là qu'un partage d'ascendants, valable *ab initio* parce qu'il a été fait entre tous les descendants, peut devenir postérieurement nul par la naissance d'un autre enfant (2). Il en résulte aussi que, malgré la prétérition ou l'omission de quelques-uns des descendants, le partage d'ascendants est valable, si les enfants omis au prétérits sont décédés sans postérité avant l'ascendant; car, s'ils avaient laissé des enfants, ils seraient représentés par eux, et l'acte qui était vicié par leur omission ne pourrait exister à l'égard de leurs enfants (3).

Il en serait de même si les enfants omis ou prétérits renonçaient à la succession, ou bien en étaient exclus pour cause

(1) Duranton, nos 639 et 640; Vazeille, art. 1077, no 4; Rolland de Villargues, no 26; Zachariæ, t. 5, § 732.

(2) « Il pourra résulter de là, dit Grenier, t. 1, no 397, que même » lorsque le partage serait fait sous la forme d'une donation entre-» vifs, il ne serait pas toujours stable : la survenance d'enfants » l'annulerait. Il ne serait définitif que lorsqu'il y aurait certitude » que l'auteur du partage ne pourrait plus avoir d'enfants. Mais, » pour remédier à cet inconvénient, on peut faire le partage testa-» mentaire quelque temps avant la mort. »

(3) Zachariæ, t. 5, § 732. — Duranton, t. 9, 640.

d'indignité (1), quoique ces enfants fussent existants au décès de l'ascendant ; car la loi, en déclarant que le partage est nul s'il n'est fait entre tous les enfants qui existeront à l'époque du décès, n'entend évidemment parler, comme l'ont très-bien fait remarquer les annotateurs de M. Zachariæ, « que des en-» fants existants au point de vue du partage de l'hérédité » délaissée par l'ascendant, et ne s'applique point à ceux » qui, par leur renonciation ou leur exclusion pour cause » d'indignité, se trouvent privés de toute participation à cette » hérédité (2). » Mais nous ne saurions admettre avec eux que le partage anticipé doit être fait, à peine de nullité, entre les enfants des renonçants ou des indignes. Ces enfants ne peuvent, en effet, venir en rang utile à la succession par le moyen de la représentation (art. 744 C. N.). Lorsqu'il y a des héritiers au premier degré, il n'est pas nécessaire de les comprendre au partage, car ils ne se trouveraient appelés à la succession que si tous les enfants du premier degré étaient renonçants ou indignes, et, dans ce cas, le partage serait caduc par le défaut des copartagés, mais il ne serait pas nul, la nullité n'existant que pour le cas où dans le partage il y a omission de quelques-uns des héritiers. Cela résulte des termes de l'art. 1078 C. N., qui ne parle que des descendants des enfants prédécédés (3).

Le partage doit nécessairement comprendre les enfants adoptifs, car, aux termes de l'art. 350 C. N., ils ont sur la succession de l'adoptant les mêmes droits que les enfants nés en mariage.

L'omission des enfants naturels entraîne-t-elle la nullité du partage ? Nous avons dit dans le chapitre précédent que les ascendants pouvaient faire le partage de leurs biens entre leurs

(1) Duranton, t. 9, n° 638 ; Vazeille, art. 1078, n° 2 ; Zachariæ, § 732; Delvincourt, t. 2, p. 152.

(2) § 732, note 4.

(3) Genty, p. 299, n° 43; Zachariæ, § 732, note 6.

enfants naturels, et que cet acte avait les mêmes caractères que s'il s'était agi d'enfants légitimes ; il faut voir maintenant si la loi, lorsqu'ils font une disposition de cette nature, leur impose l'obligation d'y donner place à tous leurs enfants naturels reconnus.

Les raisons que nous avons données pour démontrer que la distribution faite par un père à ses enfants naturels serait un véritable partage d'ascendants, nous portent à décider que leur omission dans cet acte en entraînerait la nullité, tout aussi bien que celle des enfants légitimes. L'art. 1076, nous l'avons fait observer, ne distingue pas les premiers des derniers ; il en est de même de l'art. 1078 : « Ubi lex non distinguit, nec nos » distinguere debemus. »

Qu'importe que la loi refuse aux enfants naturels le nom d'héritiers, s'ils le sont réellement, s'ils sont en droit de provoquer le partage de la succession de leur auteur après son décès, s'ils peuvent demander que leur part leur soit délivrée en objets héréditaires et par la voie du tirage au sort ?

Le partage, dit M. Duranton (1), ne sera pas nul : l'ascendant peut passer sous le silence ses enfants naturels, sauf à eux à demander, lors du décès, la portion qui leur revient. Mais alors quel effet produira ce partage s'il n'est pas nul ? Cette demande de la portion qui leur revient est-elle autre chose qu'une action en partage ? L'enfant naturel n'aura-t-il pas le droit de faire soumettre à un nouveau partage ce qui a été l'objet du premier ? On ne pourra l'écarter en lui offrant tel ou tel immeuble, car il a un droit de propriété indivise sur tous les immeubles de l'hérédité, et, comme nous le disions il n'y a qu'un instant, il peut exiger que la part qui doit lui revenir soit fixée par le sort. A quoi servira donc ce partage, si l'enfant naturel a le pouvoir de le bouleverser en réclamant sa part indivise dans les biens qui en ont fait l'objet ?

(1) T. 9, n° 635.

Dans l'ancien droit, les enfants naturels n'avaient sur les biens de leurs auteurs qu'une créance d'aliments (1) : on conçoit dès lors facilement qu'ils pouvaient être omis sans conséquence ; mais il ne saurait en être de même dans la législation actuelle, qui leur reconnaît un droit de copropriété dans l'hérédité (2).

Le partage serait-il nul pour omission d'un enfant, si l'ascendant avait réservé par l'acte de partage la quotité disponible de ses biens, pour apportionner cet enfant, et que celui-ci, au moment du décès, se trouvât déjà en jouissance de cette quotité, en vertu d'une donation entre-vifs à titre de préciput, qui lui aurait été faite ultérieurement ? La question s'est ainsi présentée devant une cour qui a prononcé la nullité du partage (3). Nous ne pensons pas que cette décision soit exacte, car l'enfant n'avait pas été omis, puisque, par l'acte de partage, la quotité disponible lui avait été réservée, et qu'au décès elle était en sa possession. Il y aurait seulement lieu à l'action en rescision, si, par suite de la distribution des biens faite de la sorte, il se trouvait lésé de plus d'un quart.

L'ascendant, en faisant le partage de ses biens, peut, du reste, imposer à ses enfants toutes les conditions et toutes les charges

(1) « Que si par le droit commun de ce royaume l'on exclut les bâtards des successions, au moins on ne les abandonne pas, et si l'on ne permet pas aux parents naturels de faire des dispositions universelles à leur profit, ni d'épuiser leurs biens par des legs particuliers en faveur de leurs bâtards, comme il a été jugé par arrêt du 26 juillet 1656, l'on permet au moins de leur faire des legs particuliers à titre d'aliments, et même l'on réduit ainsi les dispositions universelles, comme il se voit dans le même écrit. » Lebrun, Success., liv. 1, ch. 2, sect. 1re, n° 6.

(2) Vazeille, art. 1078, n° 3; Zachariæ, t. 5, § 732; Taulier, t. 4, p. 210.

(3) Limoges, 8 mars 1843.

qui sont compatibles avec la forme de l'acte dans lequel il écrit ses dispositions, et qui ne sont pas contraires aux lois ou aux bonnes mœurs.

Si le partage a lieu sous la forme d'une donation entre-vifs, il peut stipuler une rente viagère, ou bien garder l'usufruit de la totalité ou de partie seulement des biens partagés; mais il ne pourrait pas se réserver la faculté d'en disposer : le partage ainsi fait n'aurait pas le caractère qu'il doit avoir, il tiendrait des anciennes démissions de biens qui étaient révocables à volonté, et tomberait sous le coup de l'art. 944 C. N., qui prononce la nullité de toutes les donations entre-vifs faites sous une condition qui dépendrait purement de la volonté du donateur (1).

Si l'ascendant ne s'était réservé la disposition que d'un objet ou de quelques objets particuliers, ces objets, aux termes de l'art. 946 C. N., ne seraient pas censés compris dans le partage quand même il n'en aurait pas disposé, mais le partage serait valable pour le surplus (2).

La charge imposée aux copartagés de payer d'autre dettes que celles qui existeraient au moment de l'acte, ou qui seraient exprimées, soit dans l'acte, soit dans un état qui y serait annexé, rendrait le partage nul et de nul effet, par application de l'art. 945 C. N., car il ne conférerait pas aux copartagés des droits certains (3). Mais si l'ascendant avait chargé ses donataires de payer ses dettes sans autre explication, on devrait penser qu'il n'a voulu parler que des dettes existant à l'époque du partage, suivant cette règle d'interprétation qui veut qu'on interprète les actes toujours dans le sens où ils peuvent pro-

(1) Duranton, t. 9, n° 628; Rolland de Villargues, v° Partage d'ascend., § 6, n° 82.

(2) Duranton, n° 628.

(3) Duranton, n° 629.

duire des effets; « potiùs ut valeant quàm ut pereant (1). »

Quel serait l'effet de la clause par laquelle l'ascendant déclarerait priver de la quotité disponible ceux de ses enfants qui attaqueraient le partage, et en ferait don par préciput à celui ou à ceux de ses enfants qui consentiraient à l'exécution de ses volontés ?

Des auteurs l'ont considérée comme valable en se fondant sur le droit romain et l'ancien droit français (2); ce ne serait, suivant eux, qu'une disposition sous condition résolutoire, par laquelle l'ascendant enlèverait à ses enfants, pour un cas donné, leur portion dans les biens dont il avait la faculté de les priver. « On sent aisément, dit M. Grenier (3), l'efficacité de cette pré- » caution, qui était souvent pratiquée anciennement, non-seu- » lement dans les lieux où les ascendants avaient le pouvoir de » faire un partage entre leurs descendants, mais encore par- » tout ailleurs, lorsque les ascendants faisaient des règlements » contre lesquels ils craignaient qu'il ne s'élevât des contesta- » tions. On ne voit rien dans notre législation qui s'oppose à » la validité d'une semblable disposition. »

Quant à nous, nous préférons l'opinion de ceux qui se prononcent pour la nullité d'une semblable clause. Il s'agit, après tout, d'une clause pénale, et il est impossible de lui donner effet, si l'on consulte les règles sur cette matière.

L'obligation avec clause pénale est une obligation accessoire par sa nature ; il suit de là qu'elle est nulle si l'obligation principale à laquelle elle se rattache est entachée de nullité: « Quum causa principalis non consistit, ne ea quidem quæ » sequuntur locum habent (4). » — « D'ailleurs, comme le dit

(1) Arr. Metz, 2 juillet 1824.

(2) Inst. de legat., § ult., l. un., C. de his quæ pœn. nom. Ricard, des donat., part. 3, n° 1549.

(3) Donat. et testam., n° 399.

(4) L. 129, § 1, ff. de reg. juris.

» Pothier, l'obligation pénale étant l'obligation d'une peine » stipulée en cas d'inexécution de l'obligation primitive ; si » l'obligation primitive n'est pas valable , l'obligation pénale » ne peut avoir lieu , parce qu'il ne peut pas y avoir de peine » de l'inexécution d'une obligation qui , n'étant pas valable , » n'a pu ni dû être exécutée (1). »

Ces principes peuvent sans inconvénient, doivent même être transportés des obligations aux dispositions soit entre-vifs, soit testamentaires. La loi trace les règles suivant lesquelles elle veut qu'elle soient faites ; lorsqu'elles se présentent en dehors de ces règles , elles sont inefficaces, non obligatoires ; il n'est pas possible de faire valoir, au moyen d'une clause pénale, ce que la loi prohibe, ce qu'elle proscrit : « nemo potest in suo tes» tamento cavere , ne leges in suo testamento locum ha» beant (2). » Sans cela, on aurait toujours moyen de faire indirectement ce que l'on ne pourrait faire directement. Ce résultat suffit à lui seul pour faire repousser la clause pénale jointe à une disposition testamentaire ou entre-vifs, entachée d'illégalité.

Il n'est pas possible de séparer, comme on l'a voulu faire, la clause pénale de la disposition dont elle doit assurer l'exécution ; elle ne saurait avoir une existence indépendante ; elle ne peut donc pas valoir lorsque cette disposition est nulle.

Lors donc qu'un ascendant déclare priver de la quotité disponible l'enfant qui attaquera le partage qui n'est pas conforme à la loi, cette clause pénale, établie pour faire valoir une disposition illégale, est sans effet vis-à-vis du descendant auquel elle s'adresse, et il peut demander la nullité du partage sans encourir la peine prononcée (3).

La même décision devrait être donnée, quelle que fût la

(1) Traité des oblig.; n° 338.

(2) L. 55, ff. de legat., 2°.

(3) Genty, Part. d'ascend., 169 et suiv., n° 19

nature de la nullité du partage et de la peine sous laquelle il serait fait (1).

La prohibition faite par l'ascendant à ses enfants, dans un partage par acte entre-vifs, d'aliéner sans son consentement, à peine de nullité des ventes, les immeubles partagés de son vivant, est-elle valable? L'affirmative a été jugée par une Cour (2). Nous ne pensons pas cependant que cette opinion doive être acceptée. La prohibition d'aliéner est peu favorable; elle est même odieuse quand elle est perpétuelle (3); mais elle semble avoir toujours été autorisée quand elle est limitée et temporaire (4), sous les conditions suivantes toutefois : qu'elle sera établie en faveur d'une personne, et que cette personne aura le droit d'en réclamer l'exécution; car personne ne peut, par une convention faite avec un tiers qui n'y a point d'intérêt, se priver soi-même de la libre disposition de son propre bien : « nemo paciscendo efficere potest ne, vicino invito, prædium » alienet (5). » Si ces conditions n'existent pas, la prohibition d'aliéner ne forme qu'un précepte nu, « præceptum nudum, » un simple conseil qui ne lie point (6). C'est ce qui a lieu évidemment dans l'espèce; la prohibition est sans aucune espèce de sanction.

Mais nous considérerions comme valable la clause d'un partage d'ascendants par laquelle l'un des copartagés ne pourrait aliéner l'immeuble compris dans son lot, sans en avoir préalable-

(1) Genty, p. 180.

(2) Angers, 29 juin 1842.

(3) D'Aguesseau, plaidoyer 49.

(4) L. 7, C. de rebus alienis non alienandis; Duranton, t. 15, n° 360.

(5) L. 61, ff. de pactis.

(6) L. 114, § 11, ff. de legat.; l. 38, § 4; l. 93, ff. de leg. 3o. Ricard, des Substit., nos 329 et suiv. Pothier, ibid., sect. 3, art. 3, § 1. Ferrière, vo Substit. Toullier, t. 5, no 51; t. 6, no 488.

ment offert l'échange à ses copartagés. Elle aurait en effet un intérêt pour ceux-ci, qui pourraient par suite en réclamer l'exécution, et le donateur avait bien le droit de la stipuler à leur profit en faisant sa disposition (art. 1121 C. N.).

L'ascendant pourrait sans nul doute stipuler le droit de retour des choses données, pour le cas de prédécès des copartagés, ou de l'un d'eux seulement, car cette condition est permise dans les donations entre-vifs (art. 1076, 951 C. N.).

Nous allons maintenant examiner les règles des partages d'ascendants, en ce qui concerne les biens qui peuvent y être compris.

§ II.

Règles concernant les biens.

Dans le droit romain, l'ascendant avait la faculté de ne partager entre ses enfants que quelques-uns de ses biens, « aut » omnes, aut etiam aliquas forte relinquere præcipuas (1). » Notre ancien droit français avait abandonné ces principes, comme nous avons eu occasion de le faire observer. Les partages d'ascendants qui accompagnaient une démission de biens, de même que ceux qui étaient destinés à n'avoir effet qu'au décès, devaient comprendre l'universalité des biens du disposant au moment de l'acte. On disait : « que le partage n'ayant » d'autre but que de maintenir le repos des familles, c'était » cette considération seule qui en faisait toute la faveur ; mais » qu'il n'en méritait aucune lorsque l'ascendant n'avait pas » partagé tout ce qu'il possédait au moment de l'acte ; que, » puisqu'il n'en avait pas fait la distribution à chacun de ses » enfants, qu'il avait laissé des biens indivis, qu'il laissait les » enfants dans les embarras et dans les chances d'une division,

(1) Nov. 18, c. 7 ; l. 21, C. fam. erc., l. 32, ff. eod. tit.

» il n'y avait plus les circonstances désirées par la loi pour le » maintien du partage (1). »

Le Code Napoléon est revenu au système consacré par la législation romaine. Cela résulte de l'art. 1077 C. N. L'ascendant est entièrement libre de faire le partage de la totalité ou d'une partie seulement de son patrimoine, même d'objets particuliers (2).

Comme le partage doit être fait suivant les conditions et règles prescrites pour les donations entre vifs et les testaments, il en faut tirer cette conséquence, que la loi prend du reste le soin de déduire elle-même (art. 1076), que les partages faits par actes entre-vifs ne peuvent avoir pour objet que les biens présents (art. 943 C. N.). On ne peut donner ce qu'on n'a pas. Mais qu'arriverait-il si des biens à venir avaient été compris dans le partage ? serait-il nul pour le tout, ou seulement en ce qui concernerait la disposition des biens à venir ? Nous ne pensons pas que l'on puisse donner sur cette question une solution aussi tranchée que l'a fait M. Genty (3); tout dépendrait, à notre avis, des espèces, de la manière dont la disposition aurait été faite.

Supposons, par exemple, que l'ascendant ait donné à chacun de ses enfants une part de ses biens à venir proportionnelle à celle qu'il a constituée dans les biens présents : le partage sera valable relativement aux biens présents distribués ; la donation des biens à venir seule sera nulle; on appliquera l'art. 943 C. Nap. Le partage des biens présents étant valable ne peut

(1) Merlin, Rép., v° Partage d'ascend., n° 17. Arrêt du parlement de Paris de 1626 rapporté par Auroux des Pommiers sur l'art. 216 de la cout. du Bourbonnais. Furgole, Testam. ch. 8, sect. 1re, n° 185. Boullenois, quest. 2. Lebrun, Succ., liv. 1, ch. 1, sect. 5, nos 3 et 4.

(2) Zachariæ, § 731, P. 477; Grenier, n° 396; Delvincourt, t. 2, p. 131.

(3) N. 11, p. 132.

être vicié par celui des biens à venir : *utile per inutile non vitiatur*.

Si l'ascendant avait donné à l'un des enfants une part plus forte dans les biens à venir, et moindre dans les biens présents; à l'autre, une part plus faible dans les biens à venir, et plus grande dans les biens présents, mais leur avait cependant attribué à tous, sans exception, une part dans les biens présents, nous serions encore porté à considérer le partage comme n'étant pas annulé d'une manière absolue par les dispositions relatives aux biens à venir ; seulement, il serait rescindable si, par suite de la nullité de la donation des biens à venir, l'un des enfants était lésé de plus du quart. Ce serait un partage qui, en raison de l'inégalité des lots, tomberait sous le coup de l'art. 1079 C. Nap.

Mais, si l'un ou plusieurs des enfants avaient été apportionnés en biens à venir exclusivement, il n'est pas douteux que dans ce cas le partage ne serait atteint dans son entier, puisque, par suite de la nullité de la disposition des biens à venir, un ou plusieurs enfants ne s'y trouveraient pas compris. Il est clair, du reste, que si au moment du décès de l'ascendant l'enfant qui n'aurait reçu que des biens à venir était lui-même décédé, ou bien renonçant ou indigne, le partage serait valable.

Voici, ce nous semble, comment il serait possible de concilier les règles des partages et des donations entre-vifs, toutes applicables à notre espèce.

Il va de soi que l'ascendant n'aurait pas la faculté de faire un partage entre-vifs des biens qu'il lui serait défendu d'aliéner. C'est ainsi qu'une femme mariée sous le régime dotal ne pourrait partager des immeubles dotaux entre ses enfants, si ce n'est dans les cas d'exception établis par la loi (art. 1554 et suiv. C. Nap.) (1). Mais il lui serait permis de partager ses

(1) Grenier, n° 102; Tessier, De la dot, t. 1, p. 366; Rolland de Villargues, v° Partage d'ascend., n° 21.

meubles, dans l'opinion de ceux qui pensent que la dot mobilière est aliénable.

Si l'ascendant avait fait à l'un de ses enfants une donation par préciput de certains immeubles, il ne pourrait plus les comprendre dans le partage qu'il ferait ultérieurement de tous ses biens, ni en substituer d'autres sans le concours et le consentement du donataire ; décider autrement, ce serait méconnaître le principe de l'irrévocabilité des donations entre-vifs (1).

Mais il en serait autrement si la donation avait été faite en avancement d'hoirie, les biens qui composent une semblable donation, étant en effet, soumis au rapport lors du partage de la succession ; l'ascendant qui prévient ce partage, « officium » arbitri dividendæ hæreditatis præveniendo, » a le pouvoir d'en faire la distribution (2).

Les ascendants sont-ils obligés de suivre les règles ordinaires des partages sur la répartition des biens? ont-ils au contraire toute la la latitude possible à cet égard, et ne sont-ils soumis à d'autres principes que ceux qu'il leur convient d'observer ?

Nous avons dit, en nous expliquant sur le caractère des partages d'ascendants, qu'entre les descendants c'était un partage ordinaire de succession ; il suit de là que toutes les règles de ces derniers actes leur sont applicables. Il faut, s'il se peut, faire entrer dans chaque lot la même quantité de meubles, d'immeubles, de droits et de créances de mêmes nature et valeur (art. 832 C. Nap.). En principe, en effet, chacun des enfants peut exiger sa réserve en corps héréditaires et sa part sur le disponible en nature, en vertu de leur droit de copropriété qui s'étend à toutes les choses communes, « in toto et in qualibet » parte rerum communium. »

(1) Cass., 12 avril 1831.

(2) Zachariæ, § 731, p. 472.

C'était l'opinion de Papon, dans son commentaire de l'art. 216 de la cout. de Bourbonnais, en ce qui concernait l'enfant réduit à sa légitime par l'acte de partage : « Non satis est, disait-» il, legitimam filio adscribere, sed præterea necesse est id fieri » in corporibus hæreditariis non autem in pecunia, aut alia » specie quam hæreditaria... nam quum pater filiis debitor sit » in legitima bonorum suorum, quæ in quota est..... non » poterit pater, invito filio qui quodammodo creditor est, » aliud pro alio solvere. »

Le président Varet, qui avait commenté la coutume de Bourbonnais, pensait également que si le père avait laissé à son fils sa légitime en argent, celui-ci pouvait la réclamer en corps héréditaires : « non ex eo disponentis judicium corruere, » nec filium quasi præteritum audiendum, ut irritum fiat pa-» ternum arbitrium ; sed tantum ferendum si, nummis » spretis, res hæreditarias malit (1). »

Auroux des Pommiers, sur le même article 216, avait suivi l'opinion de ses devanciers en y ajoutant toutefois cette restriction, que la règle posée par eux devait s'entendre *ex æquo et bono*, qu'il n'y avait lieu de l'appliquer lorsqu'on ne pouvait diviser les biens sans les ruiner.

Avant lui, un jurisconsulte dont il fait mention, Decullant, avait enseigné que le père avait la faculté de donner à l'enfant réduit à sa légitime une somme d'argent suffisante pour l'en remplir, en raison des difficultés qu'aurait présentées un partage en nature ; « et hoc plurimum necesse est fieri, propter » difficultatem divisionis corporum hæreditariorum. »

Il nous semble qu'il y aurait à distinguer encore aujourd'hui, dans le cas où les règles générales des partages n'auraient pas été suivies par l'ascendant, si la division pouvait se faire com-

(1) Henrys et Bretonnier, t. 2, liv. 5, quest. 33 ; Ricard, des Donat., part. 3, ch. 8, sect. 10 ; Lebrun, Succ., liv. 11, ch. 3, sect. 10.

modément, ou si elle était impossible, si les immeubles étaient impartageables. Dans le premier cas, le partage serait nul; dans le second, il serait valable.

Ainsi, supposons que parmi les objets partagés il s'en trouve qui ne puissent être divisés sans inconvénient et sans préjudice pour les copartageants; l'ascendant sera autorisé à composer les lots d'objets de nature diverse, en faisant entrer les immeubles dans les uns et les meubles dans les autres : ceci n'est autre chose que l'application des art. 832 et 833 C. N.; il pourra même attribuer tous les corps héréditaires à l'un de ses enfants, et le charger de donner des portions en argent, en rentes ou effets mobiliers aux autres.

Toutefois cette solution est contestée. Des auteurs ont pensé que, même dans le cas où les immeubles étaient impartageables, l'ascendant ne pouvait se soustraire aux règles ordinaires des partages; qu'il fallait procéder à une licitation conformément à l'art. 827 C. N. (1). Si l'ascendant, a-t-on dit, avait le pouvoir d'attribuer tous ses immeubles à l'un de ses enfants, à la charge par lui de payer aux autres une somme d'argent devant former les lots, ce ne serait plus un partage qu'il ferait, mais bien une licitation, et la loi ne l'autorise pas à faire une opération de ce genre. M. Grenier (2) répond très-bien à cette objection : « Il semble, dit-il, que le pouvoir accordé aux » ascendants porte sur la licitation quand elle devient indis- » pensable, comme sur le partage et sur la distribution par- » tielle quand cette distribution est possible. La licitation » tient de sa nature aux mêmes principes que le partage; elle » est seulement un mode de convertir en valeur numéraire des » portions qui ne peuvent se détacher sans nuire à un ensemble » et sans diminuer les portions de chacun. Le principal objet

(1) Genty, n° 15, p. 140.
(2) N°s 393 et 399.

» de la licitation comme du partage est de faire cesser l'indi-
» vision. Le pouvoir accordé aux ascendants, dans le cas le
» plus ordinaire, paraît devenir commun de droit au cas le
» moins fréquent (1). »

Ajoutons que l'opinion adverse est essentiellement contraire à la faveur dont la loi entoure les partages d'ascendants, car elle les met dans l'alternative ou de vendre leurs biens pour en partager le prix entre leurs descendants, ou de n'en pas faire le partage (2).

Du reste, il faut bien le reconnaître, il ne peut se présenter quelque difficulté que si le partage est fait par testament ; car s'il a eu lieu par acte entre-vifs, dès qu'il a été accepté par tous les copartagés, aucun d'eux ne peut s'en plaindre. Ils ne seraient pas reçus à prétendre que leur consentement a été influencé par la crainte de mécontenter l'ascendant donateur, de se voir par suite plus maltraités qu'ils ne l'étaient déjà (3). La seule crainte irévérentielle envers un ascendant, lorsqu'elle n'a pas été accompagnée de violences, ne suffit pas pour vicier le consentement (4).

Voici en résumé notre pensée sur la question : le partage est valable, bien que les lots soient composés d'objets de nature différente, que parmi les copartagés les uns soient apportionnés en corps héréditaires et les autres au moyen de soultes

(1) Rép., v° Part. d'ascend., n° 12.

(2) Taulier, t. 4, p. 209 et 210. Zachariæ, § 731, p. 475, note 2. Malleville sur l'art. 1079. Delvincourt, t. 2, p. 150. Toullier, t. 5, p. 806. Duranton, t. 9, p. 658. Vazeille sur l'art. 1079, n° 10. Arr. Nîmes, 20 novembre 1854 ; Agen, 2 janvier 1854. On peut voir sur cette intéressante question une dissertation remarquable de M. Dubernet de Boscq, conseiller à la cour d'Agen, insérée dans le cahier d'août 1854, p. 145, de la *Revue critique de jurisprudence*.

(3) Duranton, t. 9, p. 658. Poujol sur l'art. 1079, n° 2. Zachariæ, t. 5, p. 148.

(4) Genty, p. 475.

en argent, qui leur sont payées par les premiers, si les objets à partager n'étaient pas susceptibles d'être partagés. Il n'y a qu'une seule chose qui soit défendue à l'ascendant, c'est de distribuer suivant son caprice, *pro libidine animi*, des biens à l'un et de l'argent à l'autre. Voilà sous quel rapport les partages d'ascendants sont soumis aux règles des partages ordinaires.

CHAPITRE IV.

DES EFFETS DES PARTAGES D'ASCENDANTS.

D'après ce que nous avons déjà dit sur les formes que peut affecter un partage d'ascendants, il est aisé de comprendre que ses effets seront différents, suivant qu'il aura lieu par acte entre-vifs ou par testament. Nous nous occuperons séparément, pour plus de méthode, des effets des partages entre-vifs et de ceux des partages testamentaires.

SECTION PREMIÈRE.

EFFETS DES PARTAGES ENTRE-VIFS.

Ces effets peuvent être considérés dans les rapports : 1° de l'ascendant avec ses descendants ; 2° des descendants entre eux ; 3° relativement aux tiers.

§ Ier.

Le partage entre-vifs, se présentant sous l'aspect d'une donation dans les rapports de l'ascendant avec ses descendants (art. 1076 C. N.), a pour résultat de saisir actuellement et irrévocablement les enfants entre lesquels il est fait, de la propriété des biens qui s'y trouvent compris. Tel était dans les coutumes de Bretagne et de Normandie, nous l'avons déjà fait observer, le caractère des démissions de biens. Dans les autres, la démission de biens produisait un effet actuel, mais elle était révocable à volonté. Quant aux partages d'ascendants, ils n'avaient en général d'effets qu'après le décès du disposant.

Les partages d'ascendants constituant une véritable donation de la part de l'ascendant à ses descendants, qui les rend propriétaires immédiatement des objets donnés, il suit de là que ces objets sont aux risques de chacun d'eux, dès que l'acte est parfait. C'est pour eux qu'ils périssent, se détériorent ou s'améliorent.

L'ascendant, en sa qualité de donateur, n'est pas tenu à la garantie, s'il n'y en a une clause expresse, et si l'on ne se trouve pas dans l'un des cas exprimés aux art. 2178, 1440, 1547 C. N.

Les exceptions à l'irrévocabilité des donations seraient applicables dans l'espèce. Il y aurait lieu à révocation pour cause d'inexécution des conditions, ingratitude et survenance d'enfants, conformément aux art. 953 et suiv. du Code Napoléon. La révocation pour cause d'ingratitude ne pourrait pas être prononcée, si le partage avait été fait par le contrat de mariage de l'un des descendants. (Art. 959 C. N.)

Il va sans dire que le partage serait aussi rescindable pour dol ou violence, suivant les règles du droit commun.

Mais, dans tous les cas, l'action en révocation ou en rescision n'appartiendrait qu'au donateur, car lui seul pourrait avoir intérêt à l'exercer.

La révocation et la rescision, suivant les causes qui les provoquent, anéantissent complétement le partage, ou le laissent subsister en partie vis-à-vis de quelques-uns des donataires. Les causes personnelles à l'un d'eux ne peuvent avoir aucune influence sur le droit des autres. Il en est autrement de celles auxquelles on donne communément le nom de réelles.

L'inexécution des conditions, l'ingratitude de la part de l'un d'eux ne rend pas les autres solidaires de sa faute ; la révocation ne peut donc être demandée que contre lui et pour sa part. Mais la violence exercée même par un seul des donataires, ou par une personne étrangère, sur la personne de l'ascendant, comme aussi la survenance d'un enfant au donateur, feraient rescinder ou révoquer le partage pour le tout, à l'égard de tous les donataires. Ce n'est là du reste qu'une application des principes généraux.

S'il s'agissait d'une nullité de forme, alors même qu'elle ne se produirait que dans un seul apportionnement, qu'à l'égard de l'un des enfants, elle vicierait tout le partage, parce que jamais il n'aurait eu d'existence légale vis-à-vis de cet enfant, et qu'un partage est nul, conformément aux règles posées ci-dessus, lorsqu'il ne comprend pas tous les enfants.

Les descendants entre lesquels un ascendant a partagé l'universalité ou une quote-part de l'universalité de ses biens présents, sont-ils soumis de plein droit au payement de ses dettes existant à l'époque du partage (1)?

Cette question revient à celle-ci : le donataire est-il tenu d'acquitter toutes les dettes présentes de son donateur, sans qu'il y ait réserve expresse à cet égard de la part de celui-ci ?

Quant au donataire de biens particuliers, il n'y a jamais eu de difficulté; on s'est toujours accordé à reconnaître qu'il n'était pas obligé de contribuer au payement des dettes du donataire en raison de ces biens (2). Mais que faut-il décider à

(1) Par les dettes existant à l'époque du partage, il faut entendre celles qui ont acquis date certaine; quant aux autres, on ne pourrait les mettre à la charge des donataires sans violer la règle : Donner et retenir ne vaut. Delvincourt, t, 2, p. 151; Grenier, § 1, n° 395; Duranton, t. 9, p. 629.

(2) Grenier, t. 1, n° 91, Pothier, introd. au titre 15 de la cout. d'Orléans, n° 65; Toullier, t. 5, n° 817.

l'égard du donataire à titre universel ? « C'est, dit Ricard, une » grande et importante question et peu entendue, dont la plupart des auteurs n'ont pas compris la difficulté (1). » Toutefois, après avoir exposé les embaras qu'elle peut présenter, après avoir même donné à entendre que le donataire universel ne devrait pas être tenu des dettes du donateur, il déclare qu'il est obligé de les acquitter, par le motif que les biens donnés dans une disposition universelle sont diminués par les dettes auxquelles ils sont affectés, suivant la maxime : « bona non intel» liguntur nisi deducto ære alieno (2). » C'était l'opinion de Cujas sur la loi 57, de usu et usufructu per legat. datis : « quia » igitur sive bona, sive res, sive bonorum pars donata sit, ante » omnia deducitur æs alienum, et res ære alieno solutæ dona» tario præstantur (3). »

Nous pensons que cette solution doit encore être donnée aujourd'hui. Le donataire universel, il est vrai, ne représente pas la personne du donateur; on ne peut pas dire précisément qu'il succède à l'actif et au passif du donateur « in vitia et virtutes, » comme on le dirait de l'héritier ; mais il n'en est pas moins vrai qu'il reçoit l'universalité des biens destinée à l'acquittement des dettes. Comment admettre que celui qui s'est dépouillé de tous ses biens ait voulu conserver les charges dont ils étaient grevés ? Cela ne se comprendrait pas, ce serait un bienfait ruineux pour son auteur; on ne peut lui supposer l'intention de se réduire à une position déshonorante, celle d'un homme qui ne peut pas payer ses dettes : « nemini captiosum » debet esse beneficium. »

Si donc une personne donne l'universalité ou une quotepart de l'universalité de ses biens, on doit présumer tout natu-

(1) *Des donat. entre-vifs*, 3e part., no 1522.

(2) L. 39, § 1, ff. de verb. sign. Ricard, part. 3, no 1523.

(3) L. 72, ff. de jure dotium.

rellement que c'est avec la charge de payer les dettes que cette universalité devait servir à acquitter.

D'après cela, les descendants seront tenus ou non de payer les dettes de l'ascendant existantes au moment du partage, suivant que le partage sera fait sous forme universelle ou à titre particulier.

Tel est le sentiment de Merlin : « Enfin, dit-il, dans le cas » du partage entre-vifs, les enfants ou descendants copartagés » sont tenus des dettes qui ont une date certaine antérieure au » partage, comme le seraient des donataires universels entre- » vifs de tous les biens présents (1). »

C'est aussi l'opinion de M. Coin-Delisle, qui présente à l'appui une considération pleine de force : « Il y a, dit-il, une na- » ture spéciale de donations dans laquelle la volonté de sou- » mettre le donataire au payement des dettes est facilement » présumée : c'est dans les donations de tous biens présents » faites par un père à ses enfants, et dans les partages qu'il » fait entre eux ; car ces libéralités ont presque toujours pour » cause le désir qu'éprouvent les parents de se débarrasser du » poids des affaires en abandonnant leurs biens à leurs en- » fants, *et par conséquent l'intention commune est que les dona- » taires soient chargés d'acquitter les dettes* (2). »

Nous allons rechercher maintenant les effets du partage entre-vifs dans les rapports des descendants entre eux.

§ II.

Nous avons dit que les partages d'ascendants, dans les rapports des descendants entre eux, étaient soumis aux règles et

(1) Rép., v° Partage d'ascend., n° 15.

(2) Sur l'art. 945, n° 11. Grenier, n° 395; Toullier, t. 5, n° 813; Duranton, t. 9, n° 630; Rolland de Villargues, v° Partage d'ascend., n° 100.

produisaient les effets des partages ordinaires; mais ce n'est qu'après le décès de l'ascendant qu'il y a lieu d'examiner si ces règles ont été suivies et que ces effets se réalisent. Pendant sa vie, le partage auquel il a procédé n'est pas autre chose qu'une donation entre-vifs. Nous savons que c'est entre les héritiers de l'ascendant que le partage doit être fait; on ne peut soumettre les descendants, dans leurs rapports entre eux, aux effets d'un partage ordinaire, avant de savoir s'ils seront héritiers, s'il pouvait être procédé à un partage en leur faveur dans les termes des art. 1075 et suiv. du Code Nap. S'ils deviennent héritiers, la disposition de l'ascendant n'aura jamais été qu'un partage, et produira tous les effets des actes de cette nature. Dans le cas contraire, ils n'auront jamais été que des donataires; dans aucun temps ils n'auront été dans les rapports de copartagés.

Il en est des partages d'ascendants comme des avancements d'hoirie; ce n'est pas une succession actuelle que l'on partage ou que l'on attribue, c'est une donation entre-vifs, éventuellement destinée, comme on l'a très-bien dit, à valoir plus tard, s'il y a lieu, comme partage de succession, ou comme distribution d'une portion de la succession (1).

Il suit de là que celui des descendants qui aurait reçu avant le partage un avancement d'hoirie n'est pas tenu d'en faire le rapport; il en résulte encore que les copartagés ne se doivent aucune garantie actuelle des troubles ou évictions qu'ils éprouvent du vivant de l'ascendant: les donataires conjoints (ils n'ont pas d'autre qualité) ne sont nullement tenus de l'obligation de garantie les uns à l'égard des autres.

Si le descendant qui a été évincé ne vient pas à la succession, il supportera seul la perte de la chose; s'il recueille au contraire la succession, il aura un recours en garantie contre ses cohéritiers pour leur part contributoire.

(1) Genty, p. 222

M. Genty fait très-bien sentir l'inconséquence qu'il y aurait à accorder l'action en garantie aux descendants, du vivant de l'ascendant. « Admettre immédiatement l'action en garantie, » dit-il, c'est la donner à des descendants qui ne deviendront » peut-être pas héritiers, et qui dès lors n'auront jamais eu, en » définitive, droit à la garantie, même contre ceux qui le de» viendront. De plus, c'est la donner contre des descendants » qui ne deviendront peut-être pas héritiers, et qui, dès lors, » n'auront jamais dû la garantie, même à ceux qui le devien» dront. Quelle est donc, en pareil cas, la base de la garantie? Si » l'ascendant était décédé, on conviendrait sans doute que ceux » des descendants qui en seraient les héritiers, n'auraient pas » droit à la garantie, de même qu'ils n'en seraient pas tenus. » Or, comment est-il possible de décider autrement avant sa » mort? Est-ce que le titre d'héritier peut exister avant l'ou» verture de la succession? »

Nous devons déclarer que le plus grand nombre des auteurs a suivi l'opinion contraire; cela tient à ce que l'on a considéré les descendants comme des acquéreurs à titre successif des biens partagés (1).

Les descendants pourraient sans aucun doute contracter les uns à l'égard des autres l'obligation de garantie par l'acte de partage, mais elle ne produirait pas absolument les mêmes effets que la garantie en matière de partage ordinaire. Si l'un des descendants ne devenait pas héritier, il continuerait néanmoins à y avoir droit, parce qu'au lieu d'être le résultat d'un partage, elle aurait sa source uniquement dans la convention faite à cet égard.

Les descendants, nous venons de le dire, ne peuvent exercer, du vivant de l'ascendant qui leur partage ses biens, l'action

(1) Grenier, nº 394; Toullier, nº 807; Dalloz, t. 6, p. 195; Zachariæ, t. 5, p. 484; Chabot sur l'art. 884, nº 9; Duranton, t. 9, p 633.

en garantie; mais n'ont-ils pas un droit conditionnel à cette action en garantie, qui les autorise à faire des actes conservatoires (art. 1180 C. N.) ? M. Genty opine avec raison, ce nous semble, pour l'affirmative; il autorise les descendants attaqués par des tiers au sujet d'un bien compris dans leur lot, à mettre en cause leurs cohéritiers présomptifs, afin qu'en cas de perte du procès, le jugement soit déclaré commun avec eux (1). Nous pensons également avec lui que les descendants non actionnés pourraient intervenir dans l'instance pour sauvegarder leurs intérêts, en vue de l'action en garantie qui pourrait être plus tard dirigée contre eux.

Les conséquences légales du partage ne se réalisant qu'après le décès de l'ascendant, il en résulte aussi que les descendants n'ont pas de son vivant le privilége décrété par l'art. 2103 C. N. pour la garantie des partages et des soultes ou retours de lots. Ce privilége ne prend naissance qu'au moment où ils deviennent copartagés; les soixante jours dans lesquels il doit être inscrit (art. 2109) ne courent donc pas de l'acte de partage, mais seulement du jour du décès de l'ascendant (2).

Il nous reste maintenant à examiner les effets des partages entre-vifs relativement aux tiers.

§ III.

Les tiers peuvent avoir des rapports avec l'ascendant ou avec

(1) P. 251.

(2) Suivant M. Zachariæ, p. 484, n° 9, les descendants ont le privilége de l'art. 2103, et le délai de 60 jours pour prendre l'inscription nécessaire à la conversation de ce privilége, court à dater du partage. C'est une conséquence de son système relativement à l'action en garantie ; on sait qu'il est un des auteurs qui en autorisent l'exercice du vivant du donateur. Grenier, t. 5, n° 403.

les descendants ; il est donc utile d'examiner les effets des partages à leur égard dans les deux cas.

Dans leurs rapports avec l'ascendant, le partage a pour résultat de priver celui-ci de toutes les actions possessoires ou pétitoires qu'il était en droit d'exercer contre eux. La disposition qu'il ferait en leur faveur, postérieurement au partage des choses partagées, serait non avenue, à moins qu'elle n'eût lieu avant la transcription de l'acte de donation portant partage (art. 939 et 941 C. N.), s'il s'agissait d'immeubles, et avant la notification du partage aux débiteurs, si des créances s'y trouvaient comprises.

Les tiers n'ont plus aucun droit sur les biens de l'ascendant dès qu'il les a partagés entre ses descendants, sauf à eux à exercer l'action révocatoire de l'art. 1167 C. N., s'il y a eu fraude de sa part.

Enfin il se produit entre l'ascendant et les tiers, tous les effets qui découlent d'une donation entre-vifs ordinaire, entre le donateur et les personnes vis-à-vis desquelles il est déjà obligé ou il pourrait s'obliger postérieurement.

Nous avons vu que l'ascendant pouvait ne pas faire le partage de tous ses biens. Lorsque l'ascendant a conservé la disposition d'une partie de son patrimoine, s'il fait un don à un tiers ou un préciput à l'un de ses descendants, comment doit-on opérer pour savoir si ce don dépasse la quotité disponible? Faut-il en faire le calcul relativement aux biens non partagés seulement? est-il nécessaire, au contraire, de réunir fictivement les biens partagés à ceux qui ne l'ont pas été, afin de voir quelle est la quotité dont l'ascendant pouvait disposer sur cette masse ainsi formée?

Depuis quelques années, cette question s'est fréquemment présentée devant les cours et tribunaux, dont les décisions à cet égard sont loin d'être uniformes. Il en est qui, se fondant sur l'art. 1077 C. N., aux termes duquel « les biens non compris au partage seront partagés conformément à la loi, » disent qu'il en résulte que les biens partagés ont été ainsi complétement mis en dehors de la succession de l'ascendant, qu'ils ont été acquis irrévocablement à ses descendants, et qu'il n'est plus possible de les y faire rentrer, soit au moyen d'un rapport réel, soit par un rapport fictif. Pour nous, nous pensons qu'ils doivent être non pas rapportés, mais réunis fictivement, suivant l'art. 922 C. N., pour connaître la quotité de biens dont l'ascendant pouvait disposer, aux biens laissés par lui à son décès.

Il ne faut pas en effet séparer l'art. 1077 de l'art. 1076, et voir dans ce texte autre chose que ce qui s'y trouve réellement. Sans doute, il témoigne bien que le partage est irrévocable, mais il ne suit pas de là que cet acte met en dehors du patrimoine de l'ascendant, comme n'y ayant jamais figuré, les biens dont il contient la distribution. Le partage est irrévocable, parce qu'à l'égard de l'ascendant il constitue une véritable donation entre-vifs, que l'art. 1076 C. N. le soumet aux conditions et règles des donations entre-vifs. Il faut donc entendre ici l'irrévocabilité du partage comme on entend celle des donations, c'est-à-dire, en ce sens que l'ascendant ne peut reprendre suivant son caprice les biens partagés.

En matière de donations ordinaires, lorsqu'on veut savoir si la quotité disponible a été dépassée, on réunit fictivement aux biens laissés à l'ouverture de la succession les biens donnés (art. 922 C. N.); pourquoi en serait-il autrement des biens partagés? N'avons-nous pas vu que c'étaient aussi des biens donnés? On ne les soumet pas à un nouveau partage; il n'y a pas lieu de les rapporter, on ne fait pas autre chose qu'ajouter leur valeur à celle des objets trouvés au décès, parce que la quotité de biens dont une personne peut disposer doit toujours se calculer sur son patrimoine entier et relativement à tout ce qui en a fait partie.

On a dit aussi que le partage d'ascendants était un pacte de famille dont les effets étaient exclusivement réglés par les art. 1075 et suiv. du Code Nap., auquel par suite les règles ordinaires sur le calcul de la quotité disponible n'étaient pas applicables ; mais cette objection tombe d'elle-même en présence de l'art. 1076, qui dispose que les partages d'ascendants pourront être faits suivant les conditions et règles prescrites par les donations entre-vifs.

M. Genty fait ainsi connaître la source de l'erreur dans laquelle est tombée l'opinion que nous combattons : « On sait qu'un héritier rapporte, soit en remettant effectivement dans la masse les objets qui lui ont été donnés, soit en les imputant sur ce à quoi il a droit de prétendre, et en prenant ainsi d'autant moins dans les autres biens ; il y a, au premier cas, rapport en nature ; au second cas, rapport en moins prenant. Ces deux sortes de rapports ont également pour résultat d'enlever à l'héritier donataire le bénéfice exclusif des objets qui lui ont été donnés, pour y faire participer ses cohéritiers dans la proportion de leurs droits, puisque, dans le cas où il n'en fait pas la restitution en nature, il abandonne à la place, jusqu'à due concurrence, sa part dans les autres valeurs de la succession. Mais la réunion fictive dont parle l'art. 922 est tout autre chose ; c'est une simple opération arithmétique qui se fait sur le papier, et qui consiste à additionner ensemble la valeur du patrimoine existant au décès et celle des biens dont il a été disposé entre-vifs. Ce calcul n'a donc rien de commun avec le rapport soit en nature, soit en moins prenant. Il n'enlève rien aux donataires ; il leur laisse le bénéfice exclusif des biens qu'ils ont reçus. Mais des auteurs ont, dans la matière du rapport, substitué à l'expression *rapport en nature* celle de *rapport réel*, et à celle de *rapport en moins prenant* celle de *rapport fictif*. D'un autre côté, on s'est habitué, dans la matière du calcul de la quotité disponible, à qualifier de *rapport fictif* cette partie de l'opération arithmétique que la loi appelle *réunion fictive*, et qui consiste à compter la valeur des biens donnés dans l'addition qui se fait lors du décès. Et, après avoir ainsi appliqué la même expression à deux choses entièrement différentes, on a confondu et assimilé les choses elles-mêmes; et c'est ainsi que, dans notre question, d'un article qui soustrait les biens partagés entre-vifs à l'obligation du rapport, et par là à la nécessité d'un nouveau partage, on a été amené à conclure que ces biens ne devaient pas entrer en ligne de compte lorsqu'il s'agit de calculer la masse d'après laquelle se détermine la quotité disponible (1). »

Dans leurs rapports avec les tiers, les descendants étant propriétaires des objets compris dans leur lot, ils peuvent en disposer sans le consentement de l'ascendant, soit à titre gratuit, soit à titre onéreux, comme aussi les grever de droits réels et exercer toutes les actions qui appartiennent au propriétaire; mais ils sont également soumis à toutes les charges qui pèsent sur la propriété.

Si le partage avait été fait sous certaines conditions, la révocation qui serait la conséquence de l'inexécution de ces conditions réagirait contre les tiers acquéreurs, conformément aux principes du droit commun. Il n'y a, en effet, rien de spécial sur ce point; cela nous dispense d'insister davantage.

Passons aux effets du partage testamentaire.

SECTION II.

EFFETS DU PARTAGE TESTAMENTAIRE.

Les partages d'ascendants, nous l'avons déjà dit avec l'article 1076, sont soumis aux conditions et règles des deux espèces d'actes dont ils peuvent emprunter la forme. Les dispositions testamentaires sont révocables à volonté : « voluntas » testatoris ambulatoria est usque ad mortem; » il suit de là

(1) N° 35, p. 241 et 245.

que le partage d'ascendants qui est fait par testament suit toutes les vicissitudes de cet acte, et peut être révoqué par son auteur dans les mêmes formes et les mêmes conditions.

Les testaments sont révoqués expressément ou tacitement : expressément par un premier testament ou un acte devant notaire portant déclaration de changement de volonté (art. 1035 C. N.), et tacitement par un nouveau testament qui contient des dispositions incompatibles avec le premier (art. 1036), ou par l'aliénation partielle ou totale des objets dont il fait la distribution. Mais, il faut le remarquer, dans l'un et l'autre cas, la révocation peut n'atteindre qu'une partie du testament, de même que le testateur aurait pu ne le révoquer expressément que relativement à une ou plusieurs de ses dispositions.

Les mêmes règles sont applicables au testament portant partage; il peut aussi être révoqué expressément ou tacitement. Un nouveau partage des biens déjà partagés constitue sans aucun doute une révocation tacite du premier, puisque les deux partages ne peuvent coexister en même temps; mais en serait-il de même de l'aliénation d'un ou plusieurs des objets compris au partage ?

Tout dépendrait des circonstances (1). On ne doit pas présumer en général qu'en faisant un acte d'aliénation, l'ascendant ait entendu révoquer le partage. Si en matière de legs il en est autrement, cela tient à ce que chaque legs a une existence séparée, indépendante ; qu'il constitue une disposition particulière qui ne se rattache à aucun autre; par suite, l'aliénation partielle ou totale de l'objet de ce legs doit faire présumer une révocation partielle ou totale. Mais dans les partages d'ascendants tout se tient ; chaque disposition est en relation avec celles qui la précèdent ou qui la suivent. Les modifications graves qui viendraient l'atteindre réfléchiraient contre les autres; on

(1) Zachariæ, t. 5, p. 485.

ne peut donc pas voir dans des actes d'aliénation l'intention de révoquer le partage ; seulement, s'ils constituent au préjudice de l'un ou plusieurs des enfants une lésion de plus du quart, cet enfant ou ces enfants auront leur recours en garantie contre leurs copartagés (1). Si cependant il en résulte une inégalité par trop considérable, ou si, par suite de ces actes, la physionomie du partage était complétement altérée, les copartagés seraient autorisés à en demander la nullité, conformément aux règles que nous avons précédemment exposées (2).

Les améliorations ou les détériorations intervenues dans les biens partagés, et qui procèdent du fait de l'ascendant, soumettent les copartagés à un recours en indemnité, lorsqu'elles ont quelque importance, toujours par la raison qui a été donnée à la page précédente.

Les acquisitions même contiguës à l'immeuble partagé, et faites postérieurement au partage, n'appartiendraient pas au descendant qui aurait cet immeuble, mais seraient réunies à la masse des biens non partagés pour faire l'objet d'un nouveau partage. (Art. 1019 C. Nap.)

Nous serions porté à penser que les modifications survenues dans l'immeuble partagé, même sans le fait de l'ascendant, pourraient donner lieu soit à une action en indemnité, soit à une action en rescision au cas de lésion, et même à une action en nullité, si elles défiguraient complétement le partage, ou si elles absorbaient en entier le lot de l'un des ascendants.

Ainsi, on le voit, le partage d'ascendants fait dans un testament est susceptible de modifications jusqu'au décès du testateur. A la différence du partage entre-vifs, il ne crée pas pour les copartagés un droit certain et actuel ; leur position n'est réellement fixée qu'au décès. Mais, à partir de ce moment, tous les effets des partages se réalisent ; chaque héritier est saisi

(1) Zachariæ, p. 484, n° 11.

(2) Genty, p. 191. Zachariæ, loc. cit.

immédiatement des objets compris dans son lot, et il est censé les avoir acquis en qualité d'héritier, parce que le partage testamentaire n'est pas autre chose que le partage de la succession légitime. L'ascendant n'a fait que prévenir l'office du juge, « officium arbitri dividendæ hæreditatis præveniendo. » Les copartagés ne sauraient être considérés comme appelés à recueillir une part dans sa succession, en qualité de légataires et en vertu d'une vocation testamentaire. Le testament portant partage a pour unique objet de régler le droit de succession conféré par la loi (1).

Il résulte de là que les enfants entre lesquels le partage se fait sont tenus de l'obligation de garantie, comme s'ils avaient fait eux-mêmes le partage après le décès de leur auteur ; et cette obligation n'existe pas seulement pour les évictions ou les troubles qu'ils éprouveraient à partir de leur entrée en jouissance, c'est-à-dire du décès, mais encore, comme nous l'avons déjà fait observer, en raison des modifications qui auraient été apportées dans les choses composant leur lot, du vivant du testateur (2). Ils ont donc le privilége des art. 2103 et 2109 C. N., et ce privilége doit être inscrit dans les 60 jours à partir du décès. Mais si dans le testament il y avait un préciput au profit de l'un des enfants, il n'aurait pas droit à la garantie à l'égard de ce préciput.

De ce que les copartagés ne sont pas des légataires, mais bien des héritiers venant prendre la part qui leur est attribuée par la loi, il faut conclure qu'ils sont tenus *ultra vires successionis* des dettes de leur auteur, proportionnellement à leur part héréditaire. Mais il faut remarquer que chacun d'eux est libre soit d'accepter sous bénéfice d'inventaire, afin de n'être tenu qu'*in-*

(1) M. Demante, t. 2, nº 473; Mourlon, t. 2, p. 422; Marcadé, t. 4, p. 207.

(2) Zachariæ, t. 5, p. 484, nº 11.

tra vires successionis, soit de répudier la succession (1).

Il faut aussi de ce principe déduire cette conséquence que si l'un des descendants est prédécédé laissant des enfants, ses enfants viendront par représentation prendre, dans la succession du disposant, la portion qui avait été assignée à leur père (2); ils ne pourraient attaquer le partage en venant prétendre qu'ils n'y ont pas été compris (art. 848 C. N.).

Mais qu'arrive-t-il lorsque le descendant prédécédé n'a pas laissé d'enfants? Dans ce cas, les biens qui lui avaient été attribués doivent faire l'objet d'un supplément de partage entre ceux qui devaient être ses cohéritiers (art. 887, 1077 C. N.).

Il en serait de même si l'un des descendants était renonçant ou indigne (3).

CHAPITRE V.

DES FORMES DES PARTAGES D'ASCENDANTS.

Il faut distinguer, en ce qui concerne les formes des partages d'ascendants, les partages entre-vifs des partages testamentaires, comme nous l'avons déjà fait lorsqu'il s'est agi de régler leurs effets.

Les partages entre-vifs, nous le savons, la loi nous l'apprend, sont soumis aux formalités des donations entre-vifs (art. 1076 C. N.). Ainsi, ils doivent être passés par acte devant notaire, et il doit en rester minute, etc... le partage même par acte sous signature privée ayant date certaine serait sans effet (art. 931 et suiv. C. N.); les enfants ou descendants doivent les accepter expressément, ou ils doivent être acceptés par eux

(1) Mourlon, t. 2, p. 423. Zachariæ, t. 5, p. 483. Toullier, t. 5, p. 816.

(2) Grenier, t. 1, n° 395. Marcadé, t. 4, p. 207.

(3) Genty, p. 209, n° 29. Marcadé, p. 207. Mourlon, p. 424.

de la même manière et avec les mêmes formes que s'il s'agissait d'une donation entre-vifs (art. 935 et suiv. C. N.).

Si le partage était fait en commun par le père et la mère dans le même acte, rien ne s'opposerait à ce que la mère acceptât pour ses enfants mineurs le partage du père, et celui-ci, au nom de ces mêmes enfants, le partage fait par la mère. Toutefois des auteurs font observer que, pour prévenir ces difficultés, il vaudrait mieux en ce cas faire accepter par un autre ascendant (art. 935 C. N.) (1).

De même que la donation entre-vifs, le partage, s'il renferme des effets mobiliers, ne sera valable que pour les effets dont un état estimatif, signé de l'ascendant et des descendants dans les lots desquels ils se trouvent, ou des personnes qui acceptent pour eux, aura été annexé à la minute de la donation (art. 948 C. N.) (2).

Enfin, nous rappelons que lorsque le partage comprend des biens susceptibles d'hypothèques, il doit être rendu public par la transcription (art. 939 C. N.), et que les tiers qui, dans l'ignorance de cet acte, auraient contracté avec le disposant, pourraient opposer le défaut d'accomplissement de cette formalité (art. 941 C. N.) (3).

Dès que toutes ces formalités ont été remplies, le partage est valable, et il devrait être maintenu comme donation, alors même qu'il ne serait pas valable comme partage; mais la réciproque ne serait pas exacte : s'il était nul en tant que donation, il ne pourrait être valable comme partage.

En principe, c'est l'ascendant qui doit faire le partage. Il n'y aurait plus un partage tel que celui qui est réglé par les art. 1075 à 1080 C. N., s'il se bornait à faire une donation isolée

(1) Duranton, t. 9, n° 623.

(2) Grenier, t. 1, n° 595. Duranton, t. 9, n° 624.

(3) Grenier, Des donat., n° 403. *Id.*, Des hypothèques, n° 361. Delvincourt, t. 2, p. 151. Duranton, n° 625.

à ses enfants, en laissant à ceux-ci le soin de faire hors de sa présence le partage des biens donnés. Mais cet acte conserverait le caractère légal de partage d'ascendants, s'il était fait en présence de l'ascendant et par le même acte qui renfermerait la donation. Le partage ne serait, dans ce cas, que l'exécution et le complément de la donation. L'ascendant y concourant par sa présence, on peut le réputer fait par lui-même ; les enfants jouent le rôle d'experts (1).

Occupons-nous maintenant des formes du partage testamentaire. Il doit être revêtu des formalités prescrites pour les testaments soit olographes, soit mystiques, soit par acte public. C'est assez dire qu'il ne pourrait être fait par le père et la mère dans le même testament, car les testaments mutuels sont prohibés (art. 968 C. N.). Il est vrai que, dans l'ancien droit, la même prohibition existait, et que cependant il y avait exception en faveur des partages d'ascendants. L'ordonnance de 1735, art. 77, portait en effet : « Abrogeons l'usage des testa» ments ou codicilles mutuels, ou faits conjointement soit » par le mari et la femme, soit par d'autres personnes, *sans* » *préjudice néanmoins de l'exécution des actes de partage entre* » *enfants et descendants.* » Mais cette exception, n'ayant pas été renouvelée dans notre législation, ne saurait être suppléée aujourd'hui (2).

(1) On peut argumenter de l'art. 834 C. N., aux termes duquel les lots sont faits par l'un des cohéritiers. Les lots sont ici formés par les descendants ; quant à l'adjudication des lots, elle est faite par l'ascendant : cela résulte de son concours à l'acte. Agen, 6 juillet 1824.

(2) Grenier, n° 402. Toullier, t. 5, n° 815. Delvincourt, t. 2, p. 150. Zachariæ, t. 5, p. 473, note 3. Dalloz, t. 6, p. 196. Duranton, t. 9, p. 622. Il est un auteur cependant qui a pensé qu'aujourd'hui encore il y avait exception dans ce cas particulier ; mais cette opinion ne peut se soutenir en présence de l'art. 1076, qui soumet sans aucune distinction les partages testamentaires à toutes les formalités, conditions et règles des testaments. Malleville sur l'art. 1075.

Il semble dès lors qu'il y a impossibilité pour des époux communs en biens de faire leur partage par la voie testamentaire. La femme, n'ayant pas de droit actuel sur les effets de la communauté, ne peut certainement en disposer seule, sans le concours de son mari. On a pensé toutefois que le père et la mère pourraient arriver à ce résultat en commençant par diviser entre eux les biens de la communauté. On a dit qu'un tel partage, subordonné à la faculté qu'avait la femme survivante ou ses héritiers de renoncer à la communauté, n'était point illicite; qu'il était susceptible, comme tous les partages provisionnels, de devenir obligatoire par la ratification de la femme devenue veuve, et qu'alors il ne pouvait être attaqué par les autres parties (1). Nous ne voyons rien qui s'oppose à cette manière d'agir. Un auteur a combattu cette opinion en disant que la loi n'admet pas que la communauté puisse être partagée avant sa dissolution, d'où il suivrait que le partage qu'en feraient les époux serait sans effet (2). Sans doute le partage dont il s'agit ne pourrait valoir comme liquidation définitive entre les époux; cette liquidation anticipée contiendrait une dérogation formelle aux conventions matrimoniales, et serait nulle à ce titre; mais il faut bien remarquer qu'on n'entend ici parler que d'une simple division matérielle, uniquement destinée à servir d'élément au partage, et qui, si elle ne peut conférer des droits définitifs, est très-certainement susceptible d'être ratifiée par les personnes qui peuvent la faire considérer comme non avenue, par la femme survivante ou par ses héritiers, lorsqu'elle prédécède. C'est un acte annulable, qui peut valoir par l'effet d'une ratification, comme tous les actes de cette nature.

Mais l'un des époux ne pourrait faire seul une division de

(1) Delvincourt, t. 2, p. 150.
(2) Genty, p. 156.

la communauté pour arriver à pouvoir disposer de sa portion par un partage testamentaire. Cet acte suppose le concours des deux époux.

Il n'est pas utile de faire intervenir les descendants dans le testament pour accepter le partage testamentaire. Toutefois leur intervention ne vicierait pas l'acte, pourvu que toutes les formalités des testaments eussent été observées. Si le testament était olographe, la signature qu'y mettraient les descendants, pour témoigner qu'ils acceptaient le partage, le rendrait évidemment nul, car il ne peut y avoir dans un testament de cette nature d'autre écriture que celle du testateur (1). (Article 970 C. N.) Nous ferons en terminant une observation relative aux deux espèces de partage : c'est qu'ils peuvent contenir d'autres dispositions soit au profit d'étrangers, soit, par exemple, un préciput au profit de l'un des enfants apportionnés. (Arg. de l'art. 1079 C. N.)

Occupons-nous maintenant des actions en nullité et en rescision des partages d'ascendants.

CHAPITRE VI.

DES ACTIONS EN NULLITÉ ET EN RESCISION DES PARTAGES D'ASCENDANTS.

L'ascendant, nous l'avons déjà vu, a la faculté de ne pas comprendre tous ses biens dans le partage qu'il fait entre ses descendants, soit par acte entre-vifs, soit par testament, et il n'y a pas pour ce fait nullité du partage comme dans l'ancien droit (2). Les biens non partagés peuvent faire l'objet d'un second par-

(1) Duranton, t. 9, nº 620. Genty, p. 117.

(2) Furgole, Des testaments, ch. 8, sect. 1re, nº 161. Auroux des Pommiers sur l'art. 216 de la cout. du Bourbonnais, nºs 11, 12 et 21. Taisand sur la cout. de Bourgogne, tit. 7, art. 6, nº 9.

tage ou de partages successifs; si l'ascendant n'use pas de ce pouvoir qui lui appartient très-certainement, ils seront partagés conformément à la loi, au jour de son décès (art. 1077 C. N.).

Nous avons dit, en traitant des règles à suivre dans les partages d'ascendants, que ces actes pouvaient être annulés ou rescindés, s'ils n'avaient pas été faits en conformité des règles établies dans l'art. 832 C. N. Mais c'est seulement lorsque le partage est fait par testament que la nullité peut en être demandée pour cette cause; car s'il avait lieu par donation entre-vifs, les enfants par leur acceptation contribueraient eux-mêmes à la composition des lots, et dès lors ils ne pourraient attaquer ce qu'ils auraient ratifié d'avance (1). Les annotateurs de M. Zachariæ en font très-justement l'observation : « Les donataires, disent-ils, qui ont accepté le partage anticipé fait entre eux par l'ascendant sont à cet égard dans la même position que des cohéritiers qui ont, après le décès de leur auteur, partagé les biens par lui délaissés. Les premiers ne peuvent pas plus que les seconds se prévaloir de la violation d'une règle à l'observation de laquelle ils ont renoncé (2). »

Nous avons aussi parlé de la nullité du partage pour omission d'un enfant ou des descendants des enfants prédécédés (art. 1079 C. N.). Nous allons dire quelques mots de la rescision du partage pour cause de lésion de plus du quart, ou pour avantage plus grand que la loi ne le permet, résultant à la fois du partage et d'un préciput.

L'art. 1079 C. N. s'exprime ainsi : « Le partage fait par l'as-
» cendant pourra être attaqué pour cause de lésion de plus du
» quart; il pourra l'être aussi dans le cas où il résulterait du

(1) Duranton, t. 9, nº 658. Poujol sur l'art. 1079, nº 2. Zachariæ, t. 5, p. 475, nº 3.

(2) L. c., nº 3.

» partage et des dispositions faites par préciput que l'un des » copartagés aurait un avantage plus grand que la loi ne le » permet. »

Ce texte ne fait que répéter, en ce qui concerne la lésion qui résulterait d'un acte de cette nature, la règle posée dans l'article 887 pour les partages en général; faut-il en tirer la conséquence que le défendeur à l'action en rescision d'un partage d'ascendant peut en arrêter le cours et empêcher un nouveau partage, en fournissant le supplément de la portion héréditaire du demandeur soit en nature, soit en numéraire, comme dans un partage ordinaire ? On n'en saurait douter. Le partage d'ascendant n'est pas autre chose, en effet, que le partage de la succession légitime, et, par suite, il faut lui appliquer les règles ordinaires des partages, lorsque la loi n'y a pas expressément dérogé (1).

S'il restait des biens non partagés, le défendeur à l'action en rescision, au lieu de se dessaisir des biens à lui donnés, pourrait très-certainement demander que le demandeur se remplisse du supplément qui lui est dû, sur la part lui revenant, à lui défendeur, dans les biens non partagés.

L'action en rescision appartient à tout descendant lésé de plus d'un quart par l'effet du partage, mais ne compète qu'à lui seul ; les descendants qui auraient éprouvé une lésion moindre ne seraient pas fondés à attaquer le partage, lorsqu'il ne se plaint pas (2). Mais si le partage était rescindé sur sa demande, ils profiteraient du rétablissement de l'indivision (3).

La lésion ne s'estime qu'eu égard aux choses qui ont été comprises dans le partage, et non relativement au patrimoine entier

(1) Grenier, n° 401. Toullier, t. 5, n° 804. Duranton, n° 651. Favard, Rép., v° Partage d'ascend., n° 5. Dalloz, t. 6, p. 195. Vazeille, art. 1079, n° 6. Zachariæ, t. 5, p. 488.

(2) Duranton, t. 9, n° 648.

(3) Duranton, t. 9, n° 653.

de l'ascendant; en sorte que l'enfant qui aurait eu les trois quarts de sa part héréditaire dans les objets partagés ne serait pas fondé à exercer l'action en rescision pour cause de lésion, bien qu'il n'eût pas recueilli les trois quarts de sa part héréditaire dans la masse totale des biens de l'ascendant (1). Celui au contraire qui n'aurait pas reçu dans le partage les trois quarts de sa portion héréditaire aurait droit néanmoins à l'action en rescision pour cause de lésion, quand même, en raison d'un préciput qui lui aurait été fait, ajouté aux choses qui lui seraient attribuées par le partage, il se trouverait avoir les trois quarts de sa portion héréditaire dans la masse des biens de l'ascendant (2).

La rescision et la nullité du partage prononcées ont les mêmes effets; elles ont pour résultat le rétablissement de l'indivision entre les descendants, l'anéantissement complet du partage, *en tant qu'acte de répartition seulement;* car il ne faut pas perdre de vue que, s'il s'agissait d'un partage entre-vifs, cet acte, considéré comme donation, survivrait à l'annulation ou à la rescision, qui n'auraient pas pour conséquence de faire rentrer les biens partagés entre les mains de l'ascendant (3). Il est bien évident que l'annulation ou la rescision du partage n'entraînent pas la nullité du préciput qui aurait été donné par le même acte à l'un des descendants, pas plus que des libéralités qui y seraient faites en faveur de personnes étrangères. Toutes ces dispositions se distinguent en effet complétement du partage, bien que renfermées dans le même acte; elles ne doivent donc pas suivre sa destinée (4).

Tous les enfants, se trouvant dans l'indivision par suite de la rescision ou de l'annulation du partage, ont le droit d'en provo-

(1) Duranton, t. 9, n° 618. Zachariæ, p. 486.

(2) Zachariæ, t. 5, p. 486, et note 6.

(3) Zachariæ, t. 5, p. 487, et note 9.

(4) Delvincourt, t. 2, p. 162. Toullier, t. 5, n° 812. Duranton, t. 9, n° 650. Zachariæ, p. 488.

quer un nouveau. Nous dirons bientôt dans quel délai ils doivent user de ce droit et à partir de quelle époque.

L'art. 1076, après nous avoir dit que le partage fait par l'ascendant pourra être attaqué pour cause de lésion de plus du quart, ajoute « qu'il pourra l'être aussi dans le cas où il résulterait du partage et des dispositions faites par préciput que l'un des copartagés aurait un avantage plus grand que la loi ne le permet. »

Il faut observer, avant d'expliquer la dernière partie de ce texte, qu'il y a lieu à l'action en rescision pour cause de lésion alors même que les enfants qui se plaignent de n'avoir pas reçu les trois quarts de leur portion héréditaire ont leur réserve intacte et même au delà. Il n'est pas exact de dire, comme l'a fait un auteur (1), que, dans la distribution de ses biens, l'ascendant doit être réputé donner tout ce qu'il met dans le lot de l'un de ses enfants en sus de la réserve légale de ce dernier. Il ne faut pas voir une donation, même jusqu'à concurrence du disponible, dans le résultat d'une composition inégale de lots. « On peut dire au père : *fecit quod non potuit, non fecit quod potuit*. Il pouvait formellement donner le disponible, il ne l'a » pas fait ; il a cherché à éluder les dispositions de la loi par » des dispositions indirectes, la loi ne doit pas en protéger » l'exécution (2). »

Il suffit qu'il existe une lésion de plus du quart au préjudice de l'un des enfants pour donner ouverture à l'action en rescision, parce que c'est la loi des partages que l'on applique, et que l'inégalité dont on se plaint n'est pas censée faite dans l'intention de conférer un avantage et est considérée comme étant le produit de l'erreur. On n'a pas à se préoccuper de la question de

(1) Vazeille, art. 1079, n° 6.

(2) Delvincourt, t. 2, p. 159. Grenier, n°s 393 et 399. Toullier, t. 5, n°s 808 et 812. Duranton, t. 9, n° 650. Guilhon, Des donat., n° 1148.

savoir si la réserve est ou non entamée. Quand bien même elle le serait, si l'inégalité des lots ne constituait pas une lésion de plus du quart, le partage ne pourrait être attaqué par la voie de la rescision, car il est de la nature de ces actes de porter aussi bien sur la réserve que sur le disponible (art. 1076). L'ascendant a le droit de tout partager. Ainsi, en supposant qu'il ait donné toute sa quotité disponible à un tiers, la lésion qu'éprouve un descendant par suite des inégalités créées dans le partage ne pourrait faire rescinder cet acte, si elle n'était pas de plus d'un quart, bien que la réserve fût entamée par la moindre inégalité (1).

Mais il en est tout différemment lorsque la portion disponible a déjà été donnée à l'un des enfants dans l'acte de partage, dans un acte antérieur ou postérieur, peu importe (2); le partage pourra être attaqué pour la moindre inégalité résultant du partage, en faveur de cet enfant. Cette inégalité n'est pas considérée comme le résultat d'une erreur. Des autres libéralités faites à ce même enfant, la loi tire la présomption que c'est avec l'intention de l'avantager que l'ascendant lui a attribué un lot d'une valeur supérieure à ceux de ses autres descendants, et elle ne veut pas qu'il cumule le bénéfice de l'inégalité du partage avec la quotité disponible. « L'objet de la loi, disait le tribun Jaubert dans son rapport, est de » ne conserver au père qu'un seul moyen d'avantager un de » ses enfants au préjudice de l'autre.

» S'il se borne à un partage, il peut faire cet avantage en » donnant à l'un une portion plus forte, pourvu que l'autre » ne soit pas lésé de plus d'un quart. Fait-il en même temps » un don et un partage dans lequel il y ait une portion plus » forte? si l'excédant de cette portion et le don surpassent la

(1) Duranton, t. 9, p. 649 et 650. Zachariæ, p. 493.

(2) Zachariæ, p. 494. Discussion au conseil d'Etat; Locré, Lég., t. 11, p. 266, n° 30.

» quotité disponible, le partage peut être attaqué, quoique » l'autre enfant soit lésé de moins du quart dans le partage. » Autrement un père pourrait favoriser un de ses enfants de » deux manières : 1° en donnant la quotité disponible ; 2° en » faisant un partage inégal avec la précaution de ne pas excé- » der le quart, et c'est ce que la loi ne permet pas. »

Pour que le partage puisse être attaqué conformément au dernier paragraphe de l'art. 1079, il faut que la quotité disponible et l'avantage indirect résultant de la composition des lots se trouvent en faveur du même enfant. Si la quotité disponible avait été donnée à un étranger ou à un autre descendant il n'y aurait lieu qu'à l'action en rescision pour cause de lésion de plus du quart (1).

Mais quelle est, dans ce cas, la nature de l'action qui compète aux enfants lésés? est-ce une action en rescision semblable à celle qui leur est accordée dans le cas de lésion de plus d'un quart? Nous pensons avec les annotateurs de M. Zachariæ (2), contrairement à l'opinion qui paraît avoir été généralement suivie par les auteurs (3), qu'il s'agit ici d'une action en réduction qui se distingue complétement de la première. Elle est fondée sur ce principe, qu'on ne peut jamais donner plus que la quotité disponible, soit directement, soit indirectement (4). Qu'on remarque bien, en effet, que l'art. 1079 ne dit pas que le partage sera attaqué pour cause de lésion, mais seulement

(1) Zachariæ, p. 493 et 494, note 32.

(2) P. 491, note 27.

(3) Delvincourt, t. 2, p. 161 et 162. Grenier, t. 2, p. 401. Duranton, t. 9, n°s 644 à 646, 650 et 651. Genty, p. 311.

(4) S'il résulte quelquefois des partages d'ascendants que la quotité disponible est dépassée sans aucune conséquence, cela tient, comme nous l'avons déjà dit, à ce que l'inégalité dans la composition des lots, qui en est la cause, est censée le produit d'une erreur de la part de l'ascendant, et n'est nullement considérée comme faite dans l'intention de conférer un avantage.

parce que l'un des copartagés aura un avantage plus *grand que la loi ne le permet ;* il se réfère par là évidemment aux art. 913 et suiv. du Code Napoléon; il ne peut être question de la lésion de plus d'un quart. D'après les termes de l'art. 1079, le partage d'ascendants peut être attaqué, dans le cas particulier dont s'occupe ce texte, pour violation des règles de la quotité disponible. Cette interprétation est encore fondée sur l'esprit de la loi. Nous avons vu, en effet, par les paroles du législateur, que s'il donnait, dans le cas prévu par l'art. 1079 C. N., action contre le partage, c'est parce qu'il y avait présomption de libéralité indirecte ajoutée à celle déjà faite par préciput, de la quotité disponible.

S'il en est ainsi, c'est de l'action en réduction, et non pas de l'action en rescision qu'il s'agit.

Il en résulte que cette action n'aura pas pour objet l'anéantissement complet du partage, mais seulement la réduction des avantages qu'il contient à la quotité disponible. L'excédant est remis à la masse des biens non partagés et fait l'objet d'un partage ultérieur entre tous les enfants (art. 1077 C. N.). Comme aussi le défendeur à l'action en réduction ne pourrait en arrêter le cours en offrant au demandeur une indemnité pécuniaire, celui-ci a droit au complément de sa part en nature, en corps héréditaires. Il y aurait exception toutefois dans le cas de l'art. 866, si le retranchement de l'excédant ne pouvait s'opérer commodément et que la portion disponible excédât la moitié de la valeur de l'immeuble (1).

Nous allons avoir encore à signaler bientôt entre l'action de la deuxième partie de l'art. 1079 et celle de la première partie

(1) Zachariæ, p. 495; Delvincourt, t. 2, p. 161 et 162, et Duranton, t. 9, n° 650, professent une opinion contraire à la nôtre dans ces diverses questions, parce qu'ils assimilent complétement les deux actions données contre les partages d'ascendants par l'art. 1079.

de ce texte une autre différence qui ressort de la nature de chacune d'elles.

Nous terminerons ce qui nous reste à dire sur les actions en nullité, rescision et réduction contre les partages d'ascendants, en nous demandant dans quel délai elles doivent être exercées et à partir de quelle époque court ce délai.

Il faut distinguer, suivant nous, les actions en nullité et en réduction de celles en rescision.

En principe, l'action en nullité pourrait être exercée à quelque époque que ce soit, parce que le partage nul n'a jamais eu d'existence légale, et qu'il n'a pu par suite être validé par aucun laps de temps. S'il s'agit, par exemple, d'un partage nul par omission de l'un des enfants qui devaient y être compris, l'indivision étant rétablie par ce fait, l'action en partage existe au profit de chacun des enfants; car la nullité, à la différence de la lésion, peut être invoquée par tous les copartagés, même par ceux à l'égard desquels le partage serait valablement fait (1).

L'action en partage est de sa nature imprescriptible (art. 816 C. N.); par conséquent elle pourrait toujours être intentée par les descendants; toutefois, si chacun d'eux, ayant figuré au partage, avait possédé pendant 30 ans les objets à lui attribués, il est certain que l'action en nullité, qui se confond ici avec l'action en partage, ne pourrait plus être exercée par le descendant omis. Ainsi l'action en nullité se prescrit, par voie de conséquence, par un laps de temps de 30 années (2).

(1) Taulier, t. 4, p. 211.

(2) « L'action par laquelle, dit M. Taulier, t. 4, p. 211, un nouveau partage est provoqué, n'est pas du nombre de ces actions en rescision qui se prescrivent par 10 ans. Vis-à-vis de tous les intéressés, il y a nullité absolue et radicale; le partage, c'est le néant. L'enfant vient réclamer une part qui ne lui fut jamais attribuée; les autres réclament leur part véritable et définitive; tous ont à former une véritable pétition d'hérédité; le droit de tous dure 30 ans. »

L'action en réduction dont il est parlé dans la dernière partie de l'art. 1079 C. N. peut aussi, suivant nous, se produire pendant 30 années. En la distinguant de l'action en rescision, nous avons fait pressentir cette conséquence. Il ne faut pas perdre de vue, en effet, « que le demandeur en réduction des » avantages conférés par un pareil partage agit comme héri- » tier à réserve, c'est-à-dire comme tiers, et ne peut par con- » séquent pas être atteint par la prescription de l'art. 1304. » L'action en réduction qu'il exerce est une véritable action » en pétition d'hérédité, qui n'est soumise qu'à la prescription » de 30 ans (1). »

Quant à l'action en rescision pour cause de lésion de plus du quart, il ne saurait y avoir de difficultés ; elle est évidemment soumise à la prescription de 10 ans établie par l'art. 1304 C. N.

Voyons maintenant quel est le point de départ de ces divers délais dans lesquels les actions en nullité, réduction et rescision peuvent être exercées.

En ce qui concerne les actions en nullité et en réduction, il nous paraît hors de doute que les délais dans lesquels elles peuvent être exercées ne commencent à courir que du jour du décès de l'ascendant, que le partage soit fait entre-vifs ou par testament, parce que ce n'est qu'à cette époque que l'on peut savoir si le partage est nul et s'il y a lieu à réduction. Elles ne peuvent donc être atteintes par la prescription qu'à partir de ce moment. Mais en est-il de même de l'action en rescision pour cause de lésion de plus du quart? Nous avons vu qu'elle était prescriptible par dix années. Le délai pour la prescription, lorsque le partage est fait par acte entre-vifs, court-il du jour de l'acte, ou bien du jour du décès? Il y a une grande contro-

(1) Zachariæ, p. 495, note 38.

verse à cet égard. Pour nous, qui pensons que le partage d'ascendants ne produit les effets généraux des partages qu'au décès, la solution de cette question est peu embarrassante. Si, du vivant de l'ascendant, les enfants copartagés ne sont que des donataires, comment seraient-ils fondés à se plaindre de l'inégalité qui existe dans leurs lots? Il n'existe pas encore de relation de droits entre eux ; peut-être n'y en aura-t-il jamais ; comment pourraient-ils agir les uns contre les autres? S'ils ne peuvent pas agir du vivant de l'ascendant, la prescription de dix ans ne doit évidemment courir contre eux que du jour du décès de celui-ci : « contra non valentem agere non currit » præscriptio, » Les arguments de l'opinion contraire ont été présentés de la manière suivante par M. Taulier : « Une considération bien simple, dit-il, que d'autres, je crois, n'ont » pas entrevue, me paraît trancher cette difficulté. On ne saurait nier que le donataire lésé puisse agir pendant la vie du » donateur. Quel principe l'en empêche? Quel texte autoriserait les tribunaux à le déclarer non recevable? Or, si le donataire peut agir, il ne le peut que pendant dix ans, car toute » faculté est prescriptible; donc le délai court du jour de la » donation.

» On objecterait en vain qu'une lutte engagée sous les yeux » mêmes de l'auteur de la donation, et à propos de ses propres » enfants, serait affligeante et contraire à la morale publique; » il ne faut rien exagérer : l'action en nullité pour cause de » lésion ne tend qu'à la réparation d'une erreur. Plus le caractère de l'ascendant est respectable, et plus il faut croire qu'il » sympathisera lui-même avec celui dont les efforts poursuivent un tel but.

» Bien plus, quand l'action sera intentée pendant la vie du » donateur, il pourra s'interposer dans un esprit de conciliation. Cette garantie de justice et de concorde disparaît s'il

» faut, pour attaquer le partage, attendre nécessairement son » décès (1). »

Ce raisonnement, on le voit, pèche par sa base ; il n'est pas vrai que le descendant lésé puisse agir du vivant de l'ascendant; M. Taulier le reconnait lui-même implicitement, et tombe dans une contradiction flagrante en qualifiant l'ascendant qui fait le partage et ses descendants de donateur et de donataires.

L'art. 1080, qui termine le chapitre du Code Napoléon relatif à notre sujet, veut que le descendant qui attaque le partage pour les causes que nous avons indiquées fasse l'avance des frais de l'estimation, et il le condamne à les supporter en définitive, ainsi que les dépens de la contestation, si la réclamation n'est pas fondée. Le partage fait par le père a en sa faveur une présomption de justice et de sagesse; l'enfant qui l'attaque doit dès lors avancer les frais nécessaires pour vérifier la lésion prétendue (2).

Voici notre tâche achevée. Il ne nous a pas été possible d'examiner dans un travail aussi restreint, qui devrait en quelque sorte se borner à un exposé de principes, toutes les difficultés qui se produisent dans la matière des partages d'ascendants; mais nous en avons assez dit pour faire entendre combien elles sont grandes et nombreuses. Chaque jour il en surgit de nouvelles, auxquelles on n'avait pas songé la veille. Aussi, en voyant cette multitude de procès auxquels elles donnent naissance, on serait presque tenté de conclure à la suppression de cette faculté accordée au père de famille de partager ses biens entre ses enfants, car elle est une source inépuisable de ces haines et de ces discordes entre frères qu'elle devait avoir pour effet de prévenir. On pourrait dire encore aujourd'hui comme au temps de Justinien : « ut eos a fraterno certamine

(1) T. 4, p. 212.

(2) Vazeille sur l'art. 1080.

» præservent, ad majores adhuc et sæviores contentiones » adducunt (1). »

CHAPITRE VII.

CONCLUSION A TIRER DU SILENCE DU CODE NAPOLÉON EN CE QUI CONCERNE LES DÉMISSIONS DE BIENS.

Le Code Napoléon est muet sur les démissions de biens; mais il n'en faut pas tirer la conséquence que ce mode de disposition, permis aux ascendants dans notre ancien droit français, est autorisé encore aujourd'hui. Si leur suppression n'a été explicitement prononcée par aucun texte, c'est qu'elle résultait implicitement du changement de caractère et de nature des donations faites aux enfants par leurs père et mère. En les rendant irrévocables, le législateur abrogeait évidemment les démissions de biens, qui étaient essentiellement révocables.

Il n'est, du reste, pas permis de conserver le moindre doute à cet égard, si l'on consulte les différents discours qui furent prononcés par les orateurs du Tribunat et du Corps législatif sur le titre des donations et des testaments.

« Les démissions de biens, disait M. Bigot-Préameneu, étaient usitées dans une grande partie de la France. Il y avait sur la nature de ces actes des règles très-différentes : dans certains pays on ne leur donnait pas la force des donations entre-vifs; elles étaient révocables. Ce n'était point aussi un acte testamentaire, puisqu'il avait un effet présent. On avait, dans ces pays, conservé la règle de droit suivant laquelle on ne peut pas se faire d'héritier irrévocable; il n'y avait d'exception que pour les institutions par contrat de mariage. On craignait que les parents n'eussent à se repentir de s'être trop abandonnés à des sentiments d'affection, et d'avoir eu trop de confiance en ceux auxquels ils avaient livré leur fortune.

(1) Nov. 18, c. 7.

» Mais, d'un autre côté, c'était laisser, dans les pactes de famille, une incertitude qui causait les plus graves inconvénients. Le démissionnaire qui avait la propriété sous la condition de la révocation se flattait toujours qu'elle n'aurait pas lieu ; il traitait avec des tiers, il s'engageait, il dépensait, il aliénait, et la révocation n'avait presque jamais lieu sans des procès qui empoisonnaient le reste de la vie de celui qui s'était démis, et qui rendaient sa condition pire que s'il eût laissé subsister sa démission.

» *On a supprimé cette espèce de disposition; elle est devenue inutile.* Les père et mère pourront, dans les donations entre-vifs, imposer les conditions qu'ils voudront ; ils auront la même liberté dans les actes de partage, pourvu qu'il n'y ait rien de contraire aux règles qui ont été exposées, et suivant lesquelles les démissions de biens, si elles avaient été autorisées, auraient été déclarées irrévocables. »

Le tribun Jaubert disait aussi : « Le projet ne parle pas des » démissions de biens, elles ne seront donc plus autorisées. »

Ainsi les démissions de biens ont été abrogées par le Code Napoléon; un ascendant ne pourrait plus disposer de ses biens par cette voie. Mais le partage qu'il ferait ne serait pas nul par cela seul qu'il l'aurait qualifié improprement de démission de biens. Il faut toujours se garder de confondre ce qui a été écrit avec ce qui a été fait, *scriptum ac gestum*. Si l'acte avait été revêtu, du reste, des formalités prescrites par la loi pour les partages d'ascendants, il devrait être validé. La faveur dont la loi a entouré ces dispositions doit toujours les faire interpréter dans le sens où elles peuvent produire quelque effet, *potius ut valeant quam ut pereant.*

POSITIONS.

DROIT ROMAIN.

L'obligation naturelle était-elle éteinte par un simple pacte? —Oui.

Les jurisconsultes romains, en définissant l'usufruit le droit d'user et de jouir de la chose d'autruit, *salva rerum substantia*, entendaient qu'il ne pouvait être établi sur des choses dont on n'aurait pu user sans les détruire.

La faculté accordée au père de famille de partager ses biens entre ses enfants était-elle limitée aux héritiers siens, sous l'empire de la loi 1, C. Théod. *de fam. erc.?* — Non.

L'accession était-elle un mode d'acquisition de la propriété ? — Non.

Le partage *inter liberos* pouvait-il être fait dans un testament nuncupatif imparfait ? — Oui.

DROIT FRANÇAIS.

L'époux contre lequel la séparation de corps est prononcée perd-il tous les avantages que son conjoint lui avait faits soit par contrat de mariage, soit après le mariage contracté ? — Oui.

Le juste titre putatif équivaut-il au titre réel en matière de prescription ? — Non.

Les enfants naturels doivent-ils être compris, à peine de nullité, dans le partage que leurs père et mère font de leurs biens entre leurs enfants ? — Oui.

La dot mobilière de la femme mariée sous le régime dotal est-elle aliénable ? — Oui.

Le donataire universel est-il tenu de plein droit des dettes de son donateur ? — Oui.

DROIT ADMINISTRATIF.

Les actes administratifs passés par les corps administratifs emportent-ils hypothèque de plein droit et sans stipulation expresse ?—Oui.

Cette hypothèque est elle conventionnelle ou légale ? – Elle est légale.

Suffit-il qu'un acte soit passé par un administrateur dans la forme administrative pour que les difficultés auxquelles donne lieu son exécution soient de la compétence de l'administration ? —Non.

Les tribunaux civils ont-ils le droit d'interpréter les actes du pouvoir exécutif ? — Oui, quand il s'agit de décrets réglementaires ; non, quand il s'agit de décrets individuels.

DROIT CRIMINEL.

Le Français qui, aux termes de l'art. 21 C. N., a perdu sa qualité par suite de son entrée au service d'une puissance étrangère sans l'autorisation du gouvernement, est-il passible de la peine portée par l'art. 75 C. Pr. ? — Oui.

Le fait d'avoir apposé de fausses signatures au bas d'une pétition, sans intention de nuire, constitue-t-il un faux ? — Non.

TABLE.

DROIT ROMAIN.

DROIT FRANÇAIS.

Poitiers — Imp. de A. Dupré, rue de la Mairie, 10.

www.ingramcontent.com/pod-product-compliance
Lightning Source LLC
LaVergne TN
LVHW020028170826
845678LV00001B/172